それ、捨ててみよう

しんどい自分を変える「手放す」仕事術

伊庭正康
MASAYASU IBA

WAVE出版

装丁・本文デザイン	中野　妙
イラスト	大谷仁美
校正	小倉優子
編集協力	柴田恵理

はじめに

上司や取引先の人に言われたひと言を引きずり、ずっと考えてしまう。

こだわりを持って仕事をしていたらなかなか終わらず、いつも残業。

「考えても仕方がない」と頭ではわかっていることなのに、やめられない。

真面目に頑張っているわりに成果が上がらないし、評価されない。

このように思い、「なんでだろう?」「どうしたらいいのだろう?」と考えたことはありませんか。

これらの原因は、あれもこれも自分で抱え込んでしまうことにあります。私もあるときは寝られなくなることもありました。そのことは、この本で白状することにしましょう。

その前にまず、自己紹介をさせていただきますね。

こんにちは。伊庭正康です。私は現在、研修講師として、年間200回以上登壇をしていますが、前職では営業を担当していました。

特に最初の頃は、とにかくがむしゃらに頑張り、走り続け、残業の常連でした。いつも仕事に追われていました。今から考えると、何をそんなに頑張っていたのだろうと思うのですが、とにかく細かい部分にまで全力を注ぎ込んでいました。たとえば、資料の文章の一部分にもこだわり、時間をかけていました。また、取引先の人や上司のちょっとしたひと言が気になり、引きずることもありました。

その結果どうなったか？　というと、体が悲鳴をあげました。一晩寝ても、翌日体の疲れが抜けず、どんどん疲労が蓄積していったのです。だるさばかりが増えていきました。「でも、頑張らなければ……」と必死の日々でした。そのうち、「この働き方を続けていたら、近いうちに体を壊す」と思いはじめました。

そんなとき、上司にこんなことを言われたのです。

「残業は自己満足でしかない。やることを減らしたほうが成果が出るぞ」

え？　残業は自己満足？　こんなに頑張ってるのに？　しかも、時間をかけないほうが成果が上がる？　意味がわかりませんでした。ちょっとムカッともしました。
でも、あらためてこれまでの自分の行動を思い返してみると……
なぜいつもバタバタしているのか？　が見えてきたのです。
たとえば、

・「ムダかもしれない」と思うことも頑張っていた

・お客さまから頼まれた仕事を断れず、仕事を抱え込んでしまっていた

・何がポイントかがわからず、あれもこれも手を出していた

つまり、自分で余計な仕事を増やしていたのです。自分で自分の首を絞めていたとも言えるでしょう。

そこで、これらを思い切って捨てることにしました。

・ムダなことは頑張らない

・仕事は抱え込まない。優先順位をつけて、すぐやらなくていいことはやらない

・ポイント以外のことはやらない

もちろん、真面目に頑張ることは大事です。でも、なんでもかんでも頑張るのは、効率的ではないし、結果的にムダです。ムダなことを一生懸命頑張るほど、ムダなことはありません。

結果に影響しないことは潔く捨てる。

「何をやらないか？」を見極めて1点集中することにしたのです。ドリルで穴を開けるときには、1点にパワーを集中させることで分厚い板をも貫通させることができますよね。それと同じです。

すると……、残業もすることなく、トップセールスとして表彰されるようになったのです。

残業の常連から表彰の常連に。大きな好転です。

残業もしないから、体も楽になりました。それに自分の好きなことができる時間も増え、人生が楽しくなりました。

ムダなことを捨てたら、時間も成果も手に入れることができたのです。

「でも、何がムダで何が重要なのかがわからない」

という方もいるでしょう。**それをご紹介するのが、この本**です。

捨てるべきこととやったほうがいいことをわかりやすくお伝えしています。どれも私が実際に体験し、学んだことばかりです。

私自身、ムダに振り回されてきたひとりです。だからこそ、お伝えしたいのです。

頑張る前に捨てることが大事です。

ムダはできるだけ削ぎ落して、やることはシンプルに。

本書では、その方法を余すことなくご紹介しています。

できそうなところから読んでいただいてもいいです。ページをめくるたびに、あなたが**「捨てるべきこと」**がわかり、同時に**「やるべきこと」**が見えてくるでしょう。そして、もう「しんどい」と思うことはなくなるでしょう。

ぜひその効果を実感してください。

第1章 「手放せない人」がやっていること

第2章 「成果の出ない方法」にこだわらない

第3章 「やる気」に頼らない

第4章 「ミス」におびえることを捨てる

第5章 「プレッシャー」は取り除ける

第1章

「手放せない人」がやっていること

1

なぜかいつも空回ってしまう人の共通点

「頑張っているのに、なぜか思うようにいかない」

と悩んでいる方を多く見かけます。

はたから見ても、ものすごく頑張っているのはよくわかる。けれど、それに結果が伴わない。やる気だけが空回りしている状態です。

空回りしている人には、いくつかの共通点があるように思います。それは

・こだわりが強い
・でも相手が何を求めているかがわかっていない
・なので自分ルールの中で動いてしまう

です。

以前、こんなことがありました。

企画部所属のAくんは、担当の営業の人から企画書を頼まれました。Aくんは「自分の実力の見せどころだ!」とものすごく張り切り、連日残業して、細部にまでこだわりまくった企画書をつくり上げました。「必要な内容はすべて盛り込んだので、きっとよろこんでもらえるに違いない」と思いながら提出したのですが……。

それを見た営業の人は、「こんな分厚い企画書、重くて持ち歩けません。それに、どこから見せたらいいのかもわからないし……」と非常に困った様子でした。

冷静に考えると、使う側の立場になれば、何十枚もの重い企画書を何部も持ち歩きたくないのは当然ですよね。

それに、商談は少なくとも1時間以内に終わらせる必要がありますから、紙芝居のように何枚も何枚も紙をめくりながら、のんびり説明するヒマはありません。

使う側からすると、企画書は多くても3枚程度。そして、スキルのない人でも要点を相手に伝えられるような、簡潔でわかりやすい資料を求めているはずです。

Ａくんは言います。「オレ、不器用なんです」と。

でも、それは違います。誰のためにもならない「こだわり」は、相手のニーズを無視しているだけのこと。

空回りをしないためには、相手のニーズを想像することが絶対のルールなのです。

誰のためにもならない「自分のこだわり」を手放す

スパッと「捨てる」からこそ結果が出る

よく「頑張ります！」「こんなに頑張っているのに……」など、「頑張る」という言葉を使いますよね。

では、そもそも「頑張る」って、どのようなことでしょうか？

私が20代前半の頃は、頑張るというのは、とにかくたくさんのことを、たくさんの量やることだと思っていました。「がむしゃらにやること＝頑張る」だと考えていたのです。

でも、それはちょっと、いや全然違うな、と今は感じています。

結果が出ないことを頑張り続けるのは、自分にとってリスクであり、会社にとってはコストでしかないな、と思うのです。

仕事の場合、あれもこれも片っ端からやっていくのではなく、まずは相手が望むことを考える。そして、効果から逆算して行動する。思うような効果が出なかったときには、潔く手放して別の方法を考えます。

「せっかくここまでやってきたから、今やめたらすべてがムダになる」
「もうちょっと頑張れば、なんとかなるのではないか……」

人は、得をする欲求より失いたくない欲求のほうが2倍も強いと言われています（プロスペクト理論）。だから、こういった未練にも似た気持ちが生まれるのも、自然な流れだとも言えるでしょう。

ですが、一定期間やっても成果が感じられないものは、往々にしてずっと続けていてもたいした成果は上がりません。

さっと手放し、切り替える。この潔さが大事です。頑張るとは、あれもこれもやるのではなく、やるべきことを絞ることが前提なのです。

しんどいときは「結果が出ないこと」は手放そう

「手放す」べきタイミング

「結果が出ないことは手放しましょう」と言いましたが、ではどのくらいの期間、試せばいいのでしょうか。

一番よくないのは、2、3日やってみて、「なんの手ごたえもないな」と反射的にやめてしまうことです。短期間すぎては、結果も何も見えません。ある程度は続けてみることが大事です。検証をしないとわからないからです。

とはいっても、延々と続けるのも得策ではありません。目安としては、目標期限の半分をすぎたときに半分近くの成果が上がっているかどうか。これがひとつの判断基準になるでしょう。

たとえば、1カ月ごとの目標があった場合、2週間経った時点で一度成果を計ってみます。それで思うような結果を得られていなくて、このままさらに2週間続けても目標は達成できないなと思ったら、早めに切り替えます。

営業でも、何カ月、何年も連続で目標を達成する人と、業績が不安定な人に分かれます。達成し続ける人はまったく結果が出ないという場合、「このリストを使って営業しても意味がないな」と判断したら、潔くそのリストに頼るのをやめ、用意していた次の方法を実行します。

でも、不安定な人は不安を感じながら、同じ方法をやり続けてしまう傾向にあります。

半分すぎたあたりで一度線引きをして、客観的に数値を見てみる。そこで「このままやっていても目標は達成できそうにないな」と思ったら、スパッと頭を切り替えて、次の策を考えましょう。それが、確実に成果を出せる人になる条件なのです。

〝半分〟がすぎたら捨てるかどうかを決めねばならない

悩む前に、パクる

「早めに切り替える」という話をしました。「でも、何をどう切り替えればいいのかわからない」という方もいるでしょう。

私の経験から言うと、結果を出している「うまくいっている人」のやり方を参考にする、さらに言えばまねをするのがおすすめです。

私が新人のとき、上司から「この地域全部、飛び込み営業して」と言われました。

上司からは「ビルは上から下に回ったほうがいい」「断られたときはこのトークで」などを学びました。これらをすべて実践したのですが、まったく結果が出ませんでした。

このときどうしたか？

私はこれらのやり方をすべて捨てました。

これらは、上司がやって成果が出た方法かもしれない。でも私には合わなかった。時代も違うし、お客さまも違う。なにより結果が出ていないことがその証拠でした。いくら言われた指示でも、見極めは大事です。

私はすぐに、成績を上げている人に話を聞きに行きました。そこで感じたのは、「こんなにやり方が違うのか！」でした。自分がこれまでにやってきたことと、まったく異なる方法で成果を上げていたのです。

そこで私は、「これがいいはず」と自分で思い込んでいたことをすっぱりやめて、今、成績を上げている人に教えてもらった新しいやり方をまねさせてもらうことにしました。すると、どうでしょう。ひと月も経たないうちに成果が上がり、一気にトップに躍り出たのです。これには「え、やり方をちょっと変えるだけで、こんなにも結果が変わってくるの？」と、自分でもびっくりしました。

もし、いつまでも上司の指示どおりにやっていたら、きっと翌月も目標に達成しないでくすぶっていたと思います。

もちろん、全部変える必要がない場合もあります。そのときは、自分のやり方にちょっとつけ加えてみるだけでもいいです。料理に別の調味料を「ちょい足し」するだけで、味が大きく変わっておいしくなることがありますよね。それと同じです。

ダメなものにはこだわりすぎず、いいと思ったやり方を取り入れる。早くやったもの勝ちです。

「学ぶ」の語源は「真似ぶ（まねぶ）」と言われています。悩んでいる暇があったら、今すぐに「うまくやっている人」の手法を研究し、まねをしてしまいましょう。それが学ぶ人の基本スタンスです。

しんどいときは成功している人をすぐパクれ！

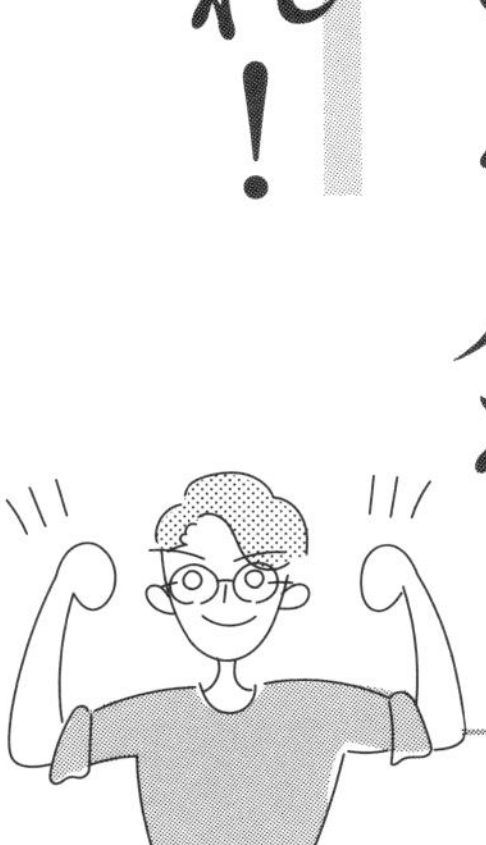

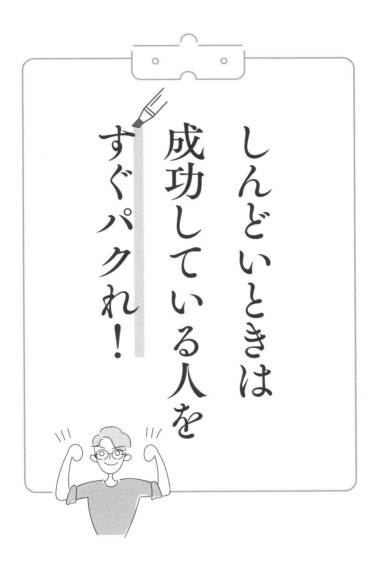

〝言われたこと〟をやり続けるな

成果が出る人とそうでない人の違いのひとつに、「まじめ」の定義が違うことがあると思います。

たとえば、上司が「このリストをもとに、営業電話を100件かけなさい」と言ったとき。まずは、成果が出る人もそうでない人も営業電話をかけはじめますね。けれど、なかなか成約には結びつきません。ここで、両者の違いが出てきます。

これは先ほども言いましたが、成果が出ない人は「なかなか成績が上がらないな……。でも、上司に言われたことだからきちんと守らないと」と〝まじめに〃営業電話をかけ続けます。

一方、成果を出す人は「成果が出ない。ならば方法を変えないと」と考え、上司に提案します。

「やることはやったのですが、この方法では結果が出ないのです。そこで、ちょっとやらせてほしいことがあるのですが、やってみてもいいですか?」

と聞いてみるのです。

「結果を出したい」という気持ちは、自分も上司も同じです。ならば、その目的に向かって〃まじめに〃取り組むのです。

そこで、上司から「いやいや、今はみんながこの方法でやっているのだから……」と言われる場合もあるでしょう。しかしその場合も、ゴールのためには粘ります。

「ほかのことをやって結果を出している人がいるので、ぜひ試してみたいのです。このまま続けても目標は未達成になるだけです。1回だけでいいので、小さく実験させてください」

と頼んでみましょう。

この「小さく実験したい」という言葉がキーワード。意外かもしれませんが、このひと言を添えるだけで、意見が通りやすくなります。さらに、「ダメだったらすぐに戻しますので」というひと言もつけ加えてみましょう（たとえ、「絶対に元の方法に戻すものか」と思っていたとしても）。

営業をしていたときのこと。新規開拓がうまくいかず、手書きのチラシをポスティングする方法を考えました。そこでチラシのサンプルをつくり、「このように手書きでいきたいです！」と上司に直談判しました。人間味のあるチラシのほうが、ほかのチラシとの差別化につながるとの思いからでした。

でも、残念なことに字はめちゃくちゃへたくそなんです。案の定、上司から「やり方を工夫するのはいいけれど、この手書きはちょっと……。会社の看板に傷がつくぞ」と言われました。

このとき、私は心の中でこう思いました。「たしかに字は汚い。もちろん、字はキレイなほうがいい。でも、字が汚いからといって致命的ではない。会社の看板に傷がつくというのは、会社の判断ではなく上司の主観にすぎない」と。

そこで、「タイピングしたほうがキレイに仕上がるのはわかっています。でも、手書きがいいんです。手紙と一緒です！ リスクのない範囲で小さく実験させてもらえませんか」と上司に伝えたのです。上司は「わかった。じゃあ、いっぺんやってみようか」と言ってくれました。

結果、この手書きのチラシがすごくウケ、売上がものすごくアップしました。汚い字がかえって「いい味」になったのです。

上司の方法には従わなかったかもしれませんが、目標達成のために方法を変えながら頑張ってみる。これこそが本当の意味での「まじめ」ではないでしょうか。

だから、目標が達成できないと判断したら、潔く手段を変える。たとえ、それが上司の指示した方法と異なるとしても。

成果の出る人は、これをやっています。

うまくいかないときは「小さな実験」を繰り返せ！

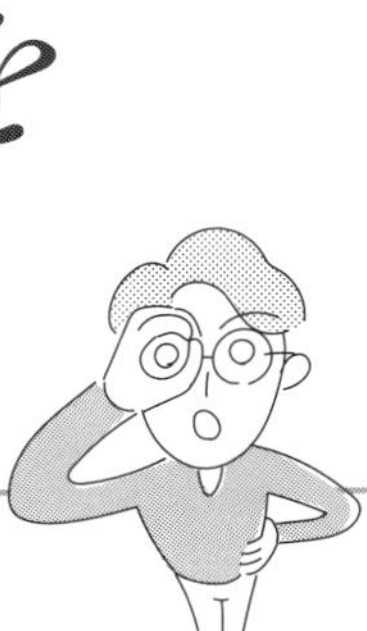

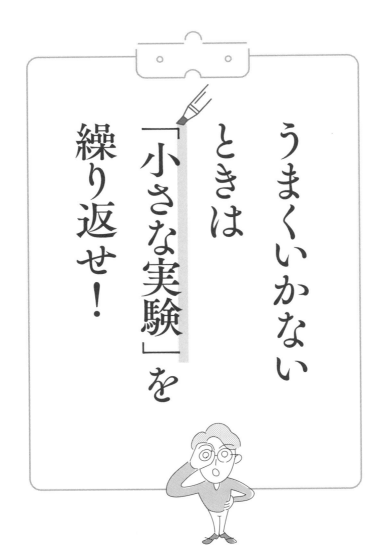

「筋を通す」を捨てる

いつもうまくいっている人というのは、さまざまなことを手放しているように思います。

そのひとつが「筋を通す」を捨てるです。「責任を感じすぎる」を捨てると言ってもいいでしょう。

「筋を通すために辞表を書く」というのもそうでしょうし、究極的には「筋を通すために命を絶つ」といった考え方もその延長線上にあるものです。そこまでいかずとも、日常でも同じようなことはありますので、気をつけたいところ。

以前、こんなことがありました。

担当しているあるお店の支払いを回収することになったBくん。「支払い期限には遅れないように」と上司に言われると「わかりました！　しっかり取り立ててきます！」と意気込んで出かけました。

その晩、夜中の2時に上司のもとに1件の電話がありました。誰かと思ったらBくんでした。

上司が「こんな時間に、どこいるんだ?」と聞くと、「店の社長が来るかと思って、ずっとお店の前で見張っていたのですが、もうギブアップです」と言うのです。「いやいや、熱心なのはいいけれど、何も2時までいる必要も、そこまでやる必要もないよ」と上司が言うと、Bくんは「いえ、これは筋だと思うんです。やらずにはいられないんです」と答えました。

いや、でも、それはBくんに求められている仕事ではないですよね。どうしても取り立てに応じない場合には、会社として対応を考えることになっているはず。筋というのは、あくまでもBくんの「自分の筋」にすぎません。それは、ほかの人が求めているものではないのです。

「筋を通す」と言うと、一見かっこよく聞こえますが、通すべき筋と通さなくてもいい筋があります。この場合は確実に「通さなくていい筋」でしょう。まさに、自分にとってリスクであり、会社にとってコストでしかありません。

Bくんは自分の中にあるルールにとらわれるあまり、誰ひとりとして求めていないことをやっていたのです。

相手が求めていないことをいくらやったところで、残念ながら評価には結びつきません。どんなに手間や労力をかけたところで、「なにやっているんだ?」「余計なことをしているな」「そんなことをする時間があるなら、別のやるべきことをやればいいのに」で終わるだけです。

誰も求めていない自分が通すべきだと思っている「筋」は、すっぱり捨てましょう。ただの融通がきかない人でしかありません。それよりも、相手が求める範疇で柔軟に行動することが大事です。

自分の筋を通す前に相手が求めることを考えよう

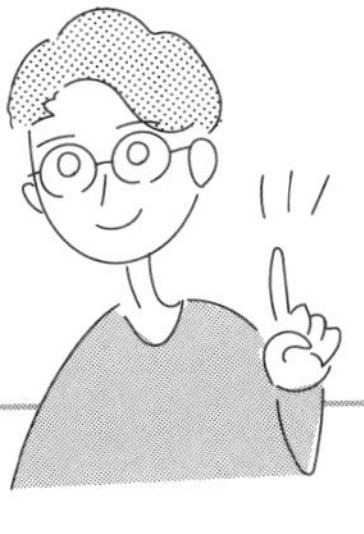

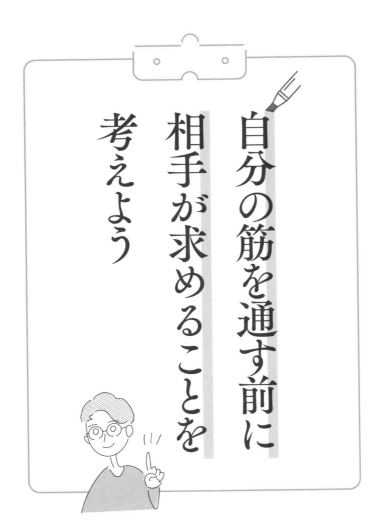

視点の切り替えがすばやくできるか

「切り替え」ということでいえば、成果を上げる人は視点の切り替えがすばやくできます。

ひとつのことに一生懸命にはなるけれど、のめり込みすぎない冷静さをどこかに持ち合わせているところがあるかもしれません。目の前のことに必死になっている自分に気づき、「まずい、ここはひとつ冷静になろう」と、一歩引いて客観的に視点を切り替えることができます。

「虫の目」「鳥の目」という言い方がありますね。虫の目は地面に近いところ、つまり至近距離で細かく見ることです。鳥の目は少し離れた場所から広く全体を見渡すことです。

成果を上げる人は、この虫の目と鳥の目を巧みに使い分けながら、自分の感情の波をうまくおさめているようにも思うのです。

たとえば、組織の中でちょっと成果を上げて天狗になりかけたとき。「いけない、いけない。こんな小さなところで成果を上げても、外を見たらもっとすごい人はいるし、誰も自分のことを知らないし」と、虫の目から鳥の目に視点を切り替えることで、自分を戒めることができます。

「見下されるかも……」と人の目を気にしたり、ひとつの失敗をしたら「もう終わり」と考えるのは、虫の目です。戒めましょう。そもそも冷静になると、「もう終わり」の〝終わり〟も、何か終わるのかすらわかりません。

こうして視点を切り替えながら、次々やってくるプレッシャーやトラブルなどを乗り越えてほしいと思います。

大きな問題も上空から俯瞰すればシミのようなもの

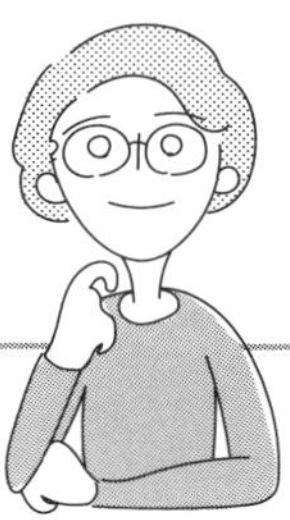

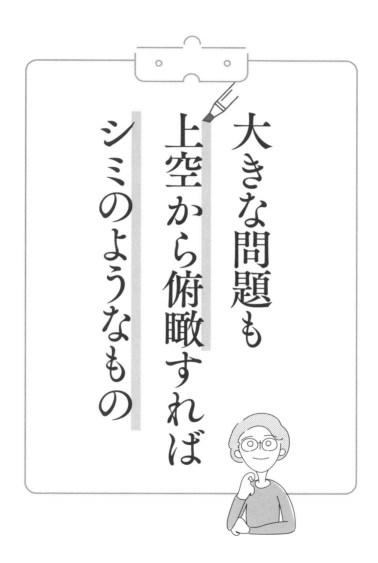

辞めるなら「最高値」をねらえ

うまくいかないときや失敗したとき、「会社、辞めたい」「もう逃げ出したい」と思うこともあるでしょう。

でも、ちょっと待って。辞めるなら「最高に得なタイミング」をねらうと自分に言いきかせましょう。

株も高値をつけたときに売りに出しますよね。それと同じです。

うまくいっていない状態とは、つまり成果を出していないこと。株にたとえるなら、株価は低い状態です。

辞めたあとでも「あの人って、どうでした?」という会話になったとき、「悪くはなかったけど辞め方はいまいちでしたよ」と言われるのはいやですよね。

でも、意外によくある話なのです。だったら、ときを待って、もっと株価が高い状態で売りましょう。

私はサラリーマン時代、常に「辞めどき」については、したたかに考えていたところがあります。

実際、相当追い込まれ、「もう会社辞めたろか?」と思った時期もありました。周囲からも「けっこう追い込まれているよな」と言われるほどでした。でも、そのときには、「いや、ちょっと待て。今辞めたら自分の得にはならんぞ。もうちょっといい状態まで持っていかないと」と思ったのです。

自分にとっての最高の辞めどきとは、最高業績を出して、最高の人事考課を受けたときと決めていました。その状態で辞めたら、辞めたあとに「あの人、すごかったんですよ」と言われ、ブランディングとしても最高だとも考えていました。いずれにしても、自分に有利に働くことは間違いありません。

だったら、「最高の状態をつくり上げるにはどのくらい時間がかかるだろう? 2年でその状態にできるか?」と考えてみました。次に「その2年間できることはなんだろう？」と考えるようになりました。

こうして、やれることはやってみる。たとえ、2年経ってできなかったら、そのときは「仕方ない」で辞めればいいや、と思うようになりました。

このように考えたから、当時の私は落ち込むヒマはありませんでした。実際、上司に「おまえ、なんでそんなに平気でいられるんだ？　普通落ち込むところだろ。もっとホンネを言えよ」と言われたこともあります。

もはや「見ているところ」が違うわけです。私はさらにその先を見ていたのです。結果的に状況は好転し、辞める理由はなくなるという図式です。

どうせ辞めるのなら、最高値で。まずは、その位置まで自分を持っていきましょう。

これは「生きる」につながる考え方だとも思うのです。自分を大切に扱う人生につながると、確信しています。

逃げるように辞めると損をする
期限を決めてやってみよう

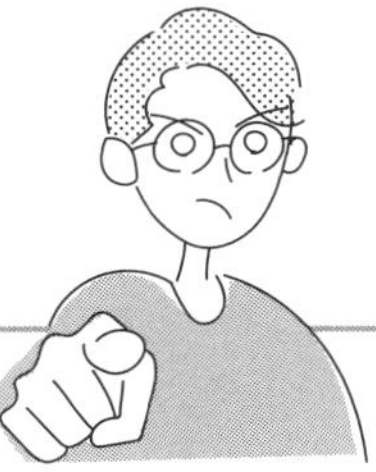

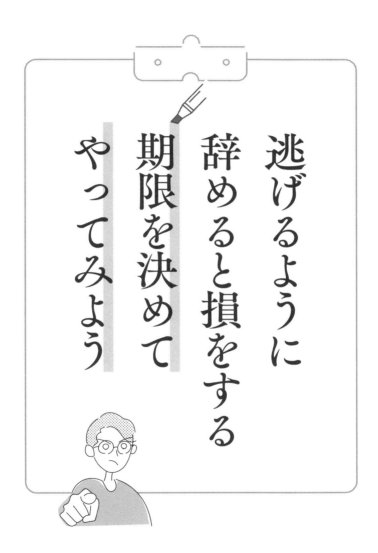

図太い人、繊細な人の違い

成果を上げる人は、どこか図太いところがあるように思います。「クビ切りたかったら切ってもいいよ。でも会社は切れないよね。だから、やりたいことやらせてもらうよ」と、どこか腹をくくっています。実際、日本は労働者にやさしすぎるといっても過言ではないくらい、労働法が守ってくれます。会社は、そう簡単にクビにはできないのです。

だからこそ成果を上げる人は、会社に「雇われている」というよりは「会社から業務委託されている」くらいのつもりでいることが多いかもしれません。私もそのひとりでした。雇われていると思うと、主従関係を感じてきゅうくつさを覚えますが、業務委託なら対等な関係です。気持ちも楽になりますし、自分のやりたいようにやりやすいのでおすすめです。

上司に怒られたときも「上司に怒られた。イヤだなあ。でも仕事をきっちりやればいいや」と一度は思うものの、「ま、でもこの上司もいつかは代わるだろう」と頭を切り替えます。

「嫌われないようにしなければ」とか「評価が悪くなったらおしまいだ」と考えると、息苦しくてしかたないでしょう。しんどいときは「仕事で結果を出せばＯＫ」と割り切れば、気持ちは楽になるものです。

いい意味で、図太くなりましょう。今の環境が未来永劫続くことは、まずありません。上司が異動するかもしれないし、定年を迎えるかもしれない。自分が別の部署に行くことだってあるでしょう。割り切って仕事をすれば、あなたを見る目が変わっていることもあります。

今いる環境も、いつかは変わるのです。期限付きだと、まあいいかと流せることも増えるのではないでしょうか。むしろ、一緒に働いていることすら「今はしんどいけれど、これも何かの縁かも」と思えるようになれば、しめたものです。

今のしんどさが
永遠に続くことは
100%ない

自分の「市場価値」を知っておこう

辞めたいと思ったとき、まずは自分の「市場価値」を知っておくと、心持ちが変わってきます。「ここしか生きる場所はない」と思うと、心の余裕はなくなります。

私は以前「今の仕事、ちょっとしんどいな。辞めたいな……」と思ったとき、転職エージェントに勤める先輩を訪ねました。そして、「先輩、僕は辞めたら売れますか?」と聞いてみました。

すると先輩は、「伊庭は実務に強いプレイングマネージャーとしてなら売れる。でも、普通の部長とか管理職としてだと、伊庭の良さが発揮できずに埋もれてしまうと思うよ。それに転職市場で中途半端な管理職は一番売れないしね」と教えてくれました。

そして、今辞めるにしても、先々、辞める場合でも、自分の「強み」を意識したほうがいいともアドバイスされました。私が仕事を続けていくうえでの方向性を示してもらった気がしました。また、第三者からの客観的な意見を聞くことで、辞めるかどうかは別にしても「よし、これでたとえ会社を辞めることになっても、次に行くところはあるから大丈夫」と、自信や安心にもつながったのです。

もし「ここでしか生きていけないかも……」としんどくなったら、まずは自分の市場価値を知ってみるのもいいかもしれません。

今は転職サイトが数多くありますから、転職する気がなくても一度登録してみるのもいいと思います。これまでの経歴を振り返ることで、自分のキャリアを客観的に見ることができます。「自分はこのようなことをしてきたんだな。意外と頑張っているな」と思えるかもしれません。

転職することが目的ではなく、自分の市場価値に敏感になることは、結果的に自分の自信になります。

あなたは
「選べる」立場である
この真実を知れば
心に余裕ができる

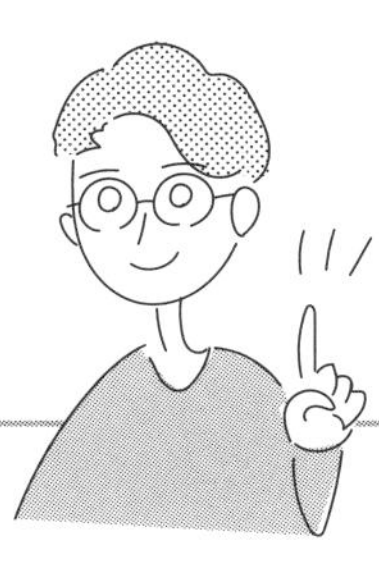

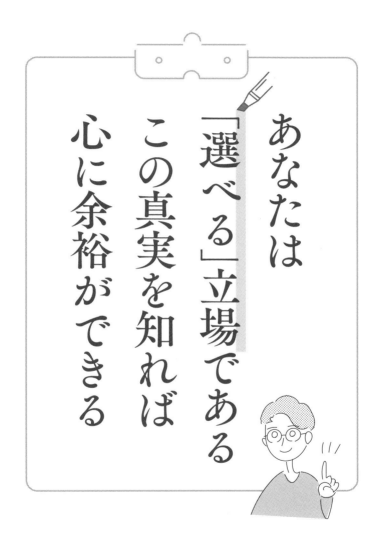

問題を切り離して考える

なにかうまくいかないことがあったとき、自分のせいだと考えて、自分を責めることがあるかもしれません。「自分は能力がない」「センスがない」と落ち込む人もいるでしょう。でも、実際はそうではないことも多いのです。まず、問題を切り離して考えてみましょう。

私は今でこそ40冊以上本を出していますが、1冊目が出るまでとても苦労しました。なかなか出なかったんです。企画書を持って出版社に行っても、「サラリーマンの企画はダメ」「専門性が見られません」「元リクルート、いっぱいいますしね……」などさんざん言われました。

それでもあきらめなかったし、落ち込まなかったのは、自分が悪いからではなく、「企画の問題だ」と思っていたからです。「企画さえよければ通るだろう」と考えていたからです。

あるとき、「伊庭さんのキャラクター、普通ですね」と言われたのですが、性格や生い立ちを変えるわけにはいきません。「どうしたらいいですかね?」と聞いてみました。すると、「一度、ガーンと底まで落ちたようなドラマとか痛みがほしいですね。伊庭さんって、ホントは人見知りですよね。話を聞けばわかります。営業を通じて乗り越えてきたのですよね。だから、こんな人見知りでもここまで頑張っているんです! というおもしろさがありますよ」と言われました。そこで、「人見知りだけど、頑張っている営業職」で企画書をつくり直して再提出したのです。それではじめて企画が通って、ようやく本を出せることになりました。

ところが……、その本はまったく売れませんでした。

普通なら、「ああ、売れなかった。ダメだった……」で終わるかもしれません。ですが、それでも私は「これは著者の問題ではなく、企画の問題だ」と考えたので、出版社の編集者が集まるパーティに出席し、本の感想を聞いてまわることにしました。そこで教えてもらったダメなところ、改善したほうがいい点を企画書にまとめ直して再挑戦です。そうして、ついに2冊目が世に出ることになりました。しかし、2冊目もダメでした。売れませんでした。

でもあきらめません。問題は自分にではなく企画にあるので、改善できるからです。また少し手直しをして、3回、4回とアプローチを繰り返したところ、ついに売れたのです。そこからは出版社のほうから次々とお話をいただくようになりました。

あれだけ断られ、批評されても落ち込まなかったし、あきらめなかったのは、それが「自分のせい」ではなく「企画の問題だ」と切り離して考えたからです。自分の人格の問題ではなく、状況や行動に問題がある。だから、行動を変えていったのです。

なにか事が起こったときには、問題を自分と切り離しましょう。

問題は問題。自分は自分です。すると、落ち込むことも自分を責めることもなくなります。なにより、ムダに悩むことなく「解決志向」で判断できるようになります。

ダメなときこそ、自分のせいにしてはいけない

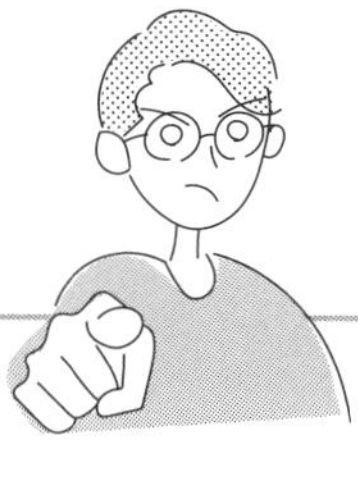

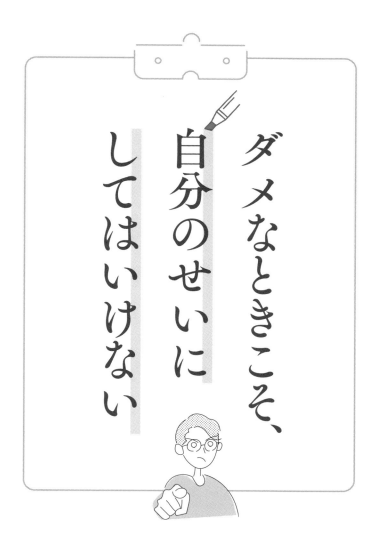

自分の「スローガン」を決めよう

落ち込むことは誰にでもあります。大事なのは、落ち込まないようにするというより、「すぐに立ち戻れるか？」ではないでしょうか。道に迷ったら、「あの目印に戻ろう」と考えるのと一緒です。

私は、毎年「スローガン」を掲げることにしています。たとえばある年は、「人にやさしく、自分に厳しく」でした。というのも、歳を重ねるうちに、人に対して厳しくなっている自分に、あるとき気づいたからです。

周囲を見ていても、40歳をすぎると我を出しはじめるようになる。そういうのはあかん。それを戒める意味も込めて、めちゃくちゃやさしい人になろう、という思いでテーマを決めました。

ちなみに、このスローガンづくりは25歳からはじめましたが、そのときのスローガンは「考えるために立ち止まるな」です。どこかの本に、「走りながら考え続けることが大事だ」と書いてあったのですが、そのまま自分のテーマにするのはイヤだったので少しアレンジしました（笑）。このようにして、自分でテーマを決めると意外とできるものです。

今は、この言葉をパソコンのデスクトップに書いてあります。パソコンを開くたびに目につくので、そのたびに「やさしい自分」を意識することができます。

きっとあなたの会社には社訓のようなものがあるでしょう。あれと一緒。迷ったときに立ち返る戒めです。

自分が「なんか最近できてないな」と思うことがあったら、それをスローガンにしてみましょう。そうすると自然に「それに近づこう」と努力するものです。知らないうちに行動が変わり、習慣が変わり、その結果、新しいあなたに生まれ変わっていることでしょう。

戻る場所を決めておけば迷子にならない

いい比較、悪い比較

仕事をしていると、どうしても「あの人はできているのに、私は……」とか、「あの人のほうが成績がいいのはなぜだろう?」「あの人のほうが出世が早い……」など、誰かと比較して一喜一憂しがちです。

人との比較は、全部が悪いわけではありません。ただ、「いい比較」と「悪い比較」があるように思います。

いい比較は「あの人みたいになりたいな」「あの人にできて、自分にできないわけはないので、もう一度頑張ろう」など、比較することで自分へのエネルギーに変わるものです。

悪い比較は「あの人はできるのに、私にはできないから落ち込む」とか「あの人ができて私はできないのはずるい」など、比較することで気落ちしたり、他人に対してねたみの感情が生まれたりするものです。これは自分のためにならないですよね。

人はみな、持ち味が違います。水泳大会にたとえるなら、Ｅくんは水泳の平泳ぎ部門に、自分は犬かき部門に出場するイメージです。競技が違うのだから比較のしようがありません。自分は犬かき部門で勝てばいい。同じ土俵でくらべないことです。

「あの人は課長で私はヒラ」、部外者から見たらどっちでもいい話です。それは役割でしかありません。

「あの人の年収は私の２倍……」、これもどっちでもいい話。あなたらしく生きることのほうが、長い人生にとってははるかに大切なことです。

もし、誰かと比較して落ち込みそうになったら、「あの人と自分は部門が違う。自分は自分の部門で勝てばいいだけ」と考えてみるとすっきりします。

比較するな！
あなたが
勝てる場所で
勝負しよう

成功も失敗も一瞬の宴

私が新卒で入社した会社には、営業目標を達成した人の名前を書いた垂れ幕を張って、みんなで賞賛する文化がありました。自分の名前が掲げられるとうれしくて、励みになります。では、自分の名前がないとどうなるでしょう。落ち込む？　焦る？　うらやましがる？

正解は、意外とそんなに気にしません。なぜなら、これは達成した人をたたえる「宴」でありゲームだからです。「達成した人、おめでとう！」「達成しなかった人、次は頑張れ！」でおしまいです。それ以上でもそれ以下でもありません。そして、次に向けてリセット。またゼロからのスタートです。

そう、良いことも悪いことも、ほとんどのことは一瞬の宴にすぎないのです。だから今回ダメなら、次の宴で。次もダメだったらそのまた次で。繰り越していけばいいんです。人はそういう目標があるだけで頑張れるものです。

私が入社3年目のときのこと。部署内での成績が120人中114番目だったことがありました。下から6番目です。

そのとき、私がどう思ったかというと、「こういうときもあるよね。でも、手を抜かず、ベストをつくすだけつくそう」くらいに考えていました。いろいろなめぐりあわせの中で、たまたまその結果が出ただけで、それが自分の実力というわけではないからです。

また、イヤな仕事を任されたときには「今は宴だな」という気持ちでいました。やや長めの宴であっても、宴はいつか終わります。わーっと盛り上がっておしまい。永遠ではない。そう思ったから頑張ろうという気持ちになりました。

だから、あまり思い詰めなくて大丈夫です。どんなしんどいことも、永遠に続くことはありません。今できることをやっておけば、間違いありません。

どんな宴も果てる
次の宴に向け
準備しよう

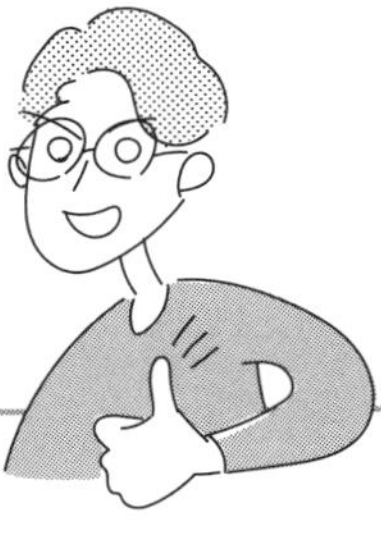

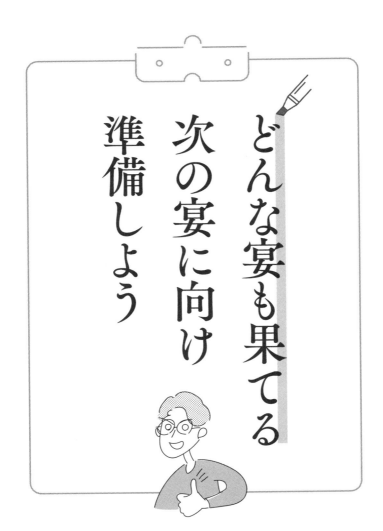

今の場所から動けないあなたへ

「この会社で失敗したら、居場所がなくなる」と考えて、自分の思うことを言えなかったり、「この職場に不満を感じているけれど、一歩を踏み出せない」と悩んでいる人もいるかもしれません。そんな方には「村人意識」を捨てることをおすすめします。

若いうちに自分の住んでいる村から出て、ほかの村があることを知ったほうがいい、と思うのです。ここで言う「村」は、自分が毎日生活しているコミュニティや会社などのことです。

ずっと同じ村にいると、村＝自分の世界になってしまいます。でも、村を一歩出てみると、外国に行くための船も用意されているし、住む場所も用意されている。でも、その船に乗るのはちょっと怖いですよね。どこに行くのか、誰がいるのか、途中で何が起こるのかもわからない。船に乗るのは、チャレンジ精神が強い人かもしれません。

だから、無理に船に乗る必要はありません。でも、ほかの村のことも少しは知っておいたほうがいいでしょう。ほかの村がやっている良いことがあれば、それを取り入れてみたら、より快適な過ごし方もできるはずです。

無理に転職はしなくてもいいけれど、ほかの会社の人と話くらいはしてみましょう。別の村を知ることで今の村の良さも見えてきますし、「もっとこういうふうにしたほうがいいんじゃないかな」という点もわかります。「こんなこと上司に言ったら嫌われるかな」と我慢していたことも、ほかの村から見れば、本当にどうでもいいような小さなことです。「相談くらいすればいいじゃん」程度のこと。実際にそうなのです。村人になると視野が狭くなるので気をつけましょう。

ほかの村からの視点を持っていると、今のすごし方がすごくグレードアップするかもしれませんよ。

息苦しさを感じたら村人意識を捨ててみよう

第2章

「成果の出ない方法」にこだわらない

何が求められているか？　を確認する

もし、上司から「レポートをまとめてほしい」と言われたときに、どうすればいいでしょう。

ここで考えたいのは、ムダなことをしないために「求められている合格基準は？」を明確にすることです。

よかれと思ってやった工夫が、評価につながらないことほどムダなことはありません。

まず、この場合であれば、上司に次のことを確認します。ひとつはレポートに載せる内容、もうひとつは書き方の形式、分量です。
「2点確認させていただいてもいいですか。内容は、○○と△△と□□を、A4用紙1枚程度に箇条書きでまとめる形で提出すればいいですか」と具体的に聞いてみます。これさえおさえておけば、さほど上司が求めるものとズレることはないはずです。

この確認をせずに、色を多用して、A4用紙15枚くらいにびっちり文字を詰め込んで……と、自分の思うがままにやってしまうと、前の章で紹介した〝空回りする人〟にまっしぐらです。

まずは相手が求めるものを確認し、それに沿ったやり方で作成する。さらに言えば、提出の仕方も、印刷して紙で手渡すのか、データで送るのか、など事前に確認しておくといいでしょう。

〝思い込み〟ほど危ういものはありません。

ムダなことを頑張ることほどムダなことはない

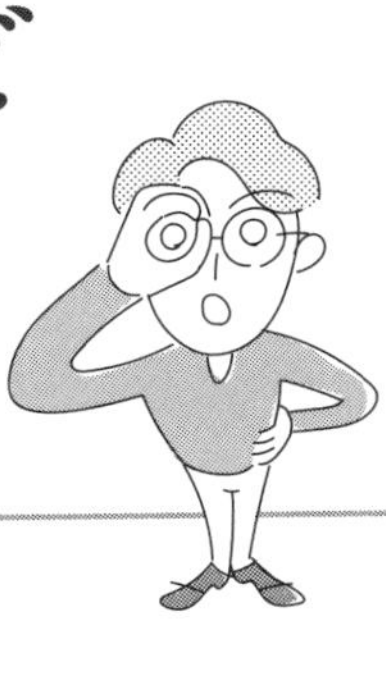

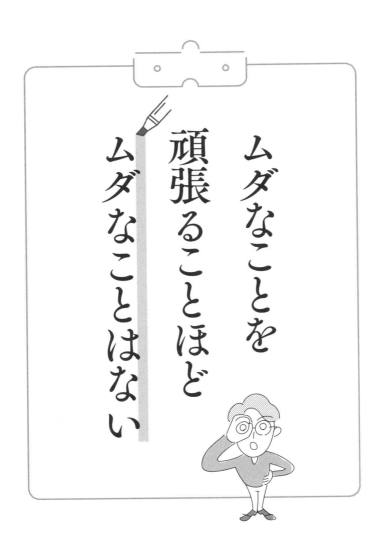

「できる!」と思わせる資料のつくり方

評価される資料とは、事前に依頼者に形式や内容、提出方法を確認し、それに沿ったものを作成することでしたね。これを守ることで「期待通り」の資料をつくることができます。でも、これだけでは、「できる人」という評価にはつながりません。マイナス点にはなりませんが、プラスにもならないのです。

では、相手に「この人はできるな!」と思わせるには、どうすればいいのでしょうか。

期待に〝応える〟だけではなく、期待を〝超える〟レベルの仕事をすることです。具体的には、プラスアルファを付け加えます。たとえば、提出した際、「お、いいね、このデータ！」と思ってもらえるような数値をひとつ入れておく、というようなことです。

ここで注意したいのは、何度も言いますが、相手が求めるものをしっかりとらえることです。そのためには、まず依頼があった仕事の内容だけでなく、その「目的」を確認します。


先日、ある会社から、こんな依頼を受けました。

定期的に実施している社内セミナーの中で行うオンラインのグループワークの参加率が非常に少ない。自由参加のため「耳だけの参加」が多いことが理由。そこで、グループワークの参加率を20％から80％以上に引き上げたい。そのための研修案内を作成してほしい、というものです。

先方の期待どおりに書くなら、「日時」「場所」「研修の内容」などを案内文にして1枚にまとめるくらいでしょう。でも、これでは「期待通り」止まりです。

では、「期待を超える」案内をつくるにはどうすればいいか。

まず私は、依頼者が「これ、いいね！」と思うものはなんだろう？　と考えました。

依頼者は、オンラインのグループワークの参加者が増えることを望んでいます。そこで、「グループワークに参加すると、自分のメリットになるよ」ということがわかるデータがあればいいのではないか、と思ったのです。

データを探したところ、「学習定着率」を表すラーニングピラミッドのデータを見つけました。これは、講義を聞くだけでは5％しか習得できないけれど、グループワークでディスカッションをすることで、50％まで定着するというものです。

私は上記の案内に、こうひと言つけ加えて提出しました。

「グループワークに参加するとしないでは、しない場合、5％しか身につかないというデータがあります。一方、グループワークに参加するだけでも50％以上身につくチャンスが得られます。その差は10倍以上。費用対効果で考えると、断然参加されたほうがメリットは高いです。どうぞこぞってご参加ください」

これを見た依頼者は「それそれ！」と言いました。

この一文は別になくてもいいものです。

でも、それをつけ加えると、相手は「それそれ！」つまり「これがほしかった！」とよろこぶ結果になるわけです。

「できるな！」と思わせる資料をつくりたいなら、頼まれたことの「目的」を考えてみる。すると、どんなことをつけ加えたらよろこんでもらえるかがわかりますし、確実に評価は上がります。

1ミリでもいい 単純な仕事ほど 期待を〝超え〟ろ！

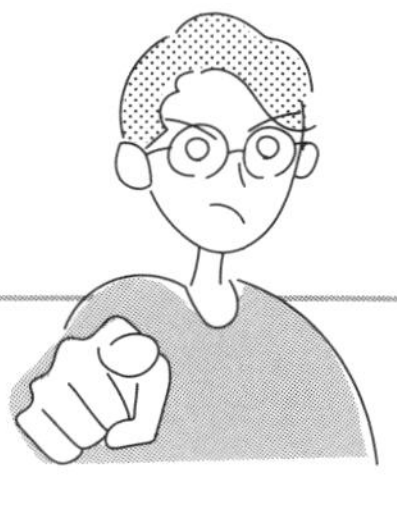

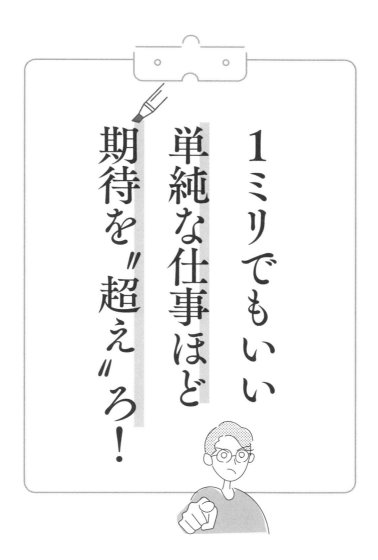

期待を超えるゲームの必勝法

相手の期待に応える仕事と、相手の期待を超える仕事について話をしましたが、「できる！」と思われるためには、常に期待を超える仕事を目指したほうがいいでしょう。私はこれをゲームのつもりでやっています。

もう少し具体的なテクニックを紹介しましょう。

期待を超えるゲームをするには、「三手先」を読むのです。

たとえば、資料づくりを依頼されたときに、

「依頼者はなんのためにこれを使うのか？」

「この資料を使ってもうまくいかないこともあるだろう。その場合にはどうすればいいか？」

「解決策となる便利なものってなんだろう？　それに当てはまるようなデータを集めよう」

というふうに先回りして考えます。

期待を超えるゲームをしていると、他人からの評価も上がりやすいです。

では、具体的にどうしたら「三手先」で考えられるようになるのでしょうか。

ポイントは、

「相手を取り巻く状況をリアルに想像すること」

です。

A社にEくんとFくんがいました。A社は業績もいい状態で、若手の育成に力を入れています。

Eくんは売上目標105％。でも、後輩が売上を上げられる営業モデルを上司に提案していました。

一方、Fくんは売上目標120％を達成しました。でも、後輩の面倒を見ることも、ノウハウを公開することも、あまりしません。

どちらかひとりをリーダーに選ぶとしたら、どちらを選ぶでしょう？

この場合はEくんです。なぜなら、前述したようにA社では若手の育成に力を入れているからです。それが「取り巻く状況」です。

ですからA社としては売上よりも、後輩が売上を上げられる営業モデルの提案のほうがうれしい。となるとFくんは、業績もいいし人事考課も悪くないけれど、少し物足りないとなるわけです。

このように、相手にとっての「成果」は何か？　をまず考え、それに合わせて自分のパフォーマンスを変えられることが大切です。

自分軸で、「これをやればいいだろう」と決めつけてしまうと、相手との間にズレが生じるばかりです。

残念ながら、頑張っている人に対して「それは求められていることではないよ」とは言いません。たとえ人事考課の評価が良くても、です。そのズレが時間とともに「物足りない人」になってしまうのです。でも、上司や周囲の人の言葉をよく聞いてみると、そこにヒントが隠れている場合も多いです。

うまくいく人は いつも 自分軸より 相手軸

マイルドに交渉する

「それってちょっと違うのでは？・」「こうしたほうがいいと思うのだけれど」と思いながらも、相手が上司だったりするとなかなか言いたいことが言えないことってありますよね。そのようなときは、「イエスイフ法」を使いましょう。

「イエスバット法」は聞いたことがあるかもしれません。いったん肯定したあとに、「しかし」で反対の意見を伝える方法です。これも悪くはないのですが、「ｂｕｔ＝しかし」は否定語ですよね。相手はあまり気持ちいい思いをしないかもしれません。

「イエスイフ法」はもっとマイルドに、一切否定せずに反論できる方法です。「○○ですよね」と肯定文を使ったあとに、「たとえば〜」と話を相手に向けながら、「一方で〜」と自分の意見を言い、最後に相手に意見を聞く流れです。

先日、こんなことがありました。新規でセミナーを依頼された会社の方から、「セミナーで使用する営業向けチェックリストをつくってください」とオーダーがあったのです。昨年、ある講師の方が登壇された際、セミナー終了後にチェックリストが配られたそうなので、今年もつくってほしいと。ところが、よくよく話を聞いてみると、そのチェックリスト、現場では定着しなかったそうなのです。そして、セミナー自体は評判がよかったけれど、チェックリストは使われなかったことから、今年は私に依頼がきたのでした。ここで、依頼に応じてチェックリストをつくっていいものでしょうか？

今年もチェックリストをつくって不評だったら「伊庭さんもダメだったから、来年は違う先生に」という流れになるのではないか。私は、「これは乗ってはいけない船だ」と感じました。そして、依頼者はまだ課題の特定ができていないな、とも感じたのです。

そこで私はこう言いました。

「そうですよね。定着は大事ですよね。たとえば、今回定着させるために『これさえあれば定着する』というものを見つけておくのはいかがでしょうか。チェックリストでは定着がむずかしかったとのことですので……。伺ってもよろしいでしょうか。定着の鍵はなんだと思われますか？」

この場合の「イエスイフ法」は、まず「そうですよね」と肯定文を伝えたあと、「たとえば、◯◯はいかがでしょうか？」と相手にふります。最後に「その『カギ』となるものは〜？」で、相手の意見を求めます。

このときは、責任の所在が明確になっていないことでした。

「もちろん、チェックリストをつくって、それが定着するのなら、しっかりとつくらせていただきます。でも、つくって結果が出ないとなったら、△△さん（依頼者）のゴールにたどり着けないかと思いまして。ここは責任の所在を明確にしておいたほうがいいんじゃないでしょうか？」と伝えました。

「たしかに」と納得されました。そして、私は質問を重ねました。

「もうひとつ確認していいですか？　チェックリスト、いります？」

依頼者は「そうですね。そこじゃない気が私もしてきました。社内でもう一度話し合ってみます」とおっしゃって、最終的にはチェックリストはなくなりました。

実は、文法的には「イフ」を「たとえば」の意味で使ってはいません。「でも」という意味で使っています。ところが「たとえば」と言えば相手を否定することなく、自分の言いたいことをしっかりと伝えることができます。ちょっとした言葉のマジックです。

「私はこう思うんですけど」「私はこれがやりたいです」と正面からストレートに伝えるのもひとつの方法ですが、角を立てずに相手に納得してもらいたいなら、この方法です。

断りにくいからといってなんでも引き受けることは、ときには信頼を失うリスクにもなります。ほとんどの場合、受け身になることほど損な選択はありません。

交渉は〝ワイルド〟ではなく〝マイルド〟が鉄則

うまくいっているときほど手を打とう

うまくいかないときは「ヤバい」と焦り、うまくいっているときは「これで安心だ」と余裕が持てると考えていませんか?

私はうまくいっているときのほうが不安を感じます。いや、むしろ不安を感じるように自分の気持ちをもっていきます。なぜなら、いい状態がこのまま続くはずがないと考えているからです。

私はこの10年、年間200回ほど企業研修をしています。しかし「この10年、毎年予定が埋まっているから今後も大丈夫か……」とは思ってはいけないと戒めています。

「いや、ちょっと待て。同じことをしていては、いつか依頼件数が減るかもしれない」と。そこで、何かできる方法はないかと悶々と考え、「新しい一手」をトライするからこそ、維持できているのだと思っています。

「このままだとまずい」と思ったときのエネルギーは非常に大きいものです。そういうときに「やってみよう！」と思うことは大事にしたほうがいいし、そうしたほうがあとになると良いことが多いものです。

きっとあなたが順調なとき、周囲からは「今のままでもいいじゃないですか」と言われることもあるでしょう。

飛行機が離陸するとき、あえて逆風を待つそうです。追い風より逆風のほうが上昇気流に乗りやすいことがその理由です。それは、人も一緒だと思うのです。

調子がいいからといって同じことをしているだけでは、確実にパフォーマンスは下がります。そこを見越して、いいときにこそ、次の一手を講じることを考えましょう。

調子のいいときに次の一手を打っておく

つまらないプライドは捨てる

成果を出している人は何事にも動じず、堂々としているように思うかもしれませんが、そんなことはありません。

以前、ある業界で有名なトップセールスの方と話す機会がありましたが、その方の目標が達成できないことへのビビり方は半端ありませんでした。

「あなたくらいの方ですから、そんなに怖がらなくてもいいじゃないですか」と言うと、「いやいや、でもそのビビりが自分の原動力になっていますから」とおっしゃっていました。

成果が出ない人も、成果を出している人も、同じように成果に対する恐怖はあります。「成果が上げられなかったらどうしよう」とビビるのは同じですが、そのあとの行動が違います。何が違うのか？

成果を出している人は悩みません。打開策を考え、行動します。

では、その原動力はなんでしょう？

それは「プライド」です。

成果を出している人は、「このままではイヤだ」「自分自身やこの状況に、負けたくはない」というプライドがあります。だから、そのために解決策を考え、動きます。

一方で、成果が出ない人にもプライドがあります。それは「人にダメなやつと思われたくない」というプライドです。「誰かに質問して『こんなこともわからないの？』と言われたらどうしよう。恥ずかしいから黙ってひとりで頑張ろう」と、他人に頼ることもできないから、どんどん内側にこもってしまうのです。

目標が達成できるかどうか、誰でも怖くてたまりません。でも、そこから逃げず、その恐れをバネにすることを考えていきましょう。

自分に「負けたくない」というプライドだけを大事にする

迷ったら、楽なほうを選べ

私はしんどいのは苦手です。だから、少しでも早く解放されたい、楽になりたい、といつも考えています。

たとえば、言いにくいことを言わなければいけないとき。言うのもしんどいかもしれないけれど、言わずに黙っているのもこれまたしんどい。そんなときにはこう考えます。

しんどさの長さを計ったら、言うのは1分しんどい。言わないのはずっとしんどい。だったら、今言って早くすっきりしたほうがいいと考えます。これって、車酔いしたときの対応と似ています。

「う、気持ち悪い……。でも、我慢したほうがいいのかな。胃がむかむかする……。ちょっとゆっくり走って。もうダメだ……」と我慢し続けるのか。

「(あ、ちょっと気分悪くなってきた……)先生、気分が悪くなってきたので、前のほうに行ってもいいですか」と伝えて、パーキングエリアなどで少し休ませてもらうか。

はっきり伝えたほうが楽ですよね。

「これを言ったら『仕事ができないやつ』と思われるかもしれない」と思うかもしれませんが、一瞬の苦しみです。早めに言ったら、誰かが助けてくれたり、アドバイスをもらえたりするなど、自分が楽になります。

「有給休暇をまとめて取りたい……」

「異動の希望を伝えるか悩む……」

「こんなことを聞いてもいいのか……」

どんなことも一緒。迷ったら、早く楽になるほうを選びましょう。

実は、我慢せず早めに「お願い」「教えて」「助けて」「できません」「わかりません」を言ってくれたほうが、周囲も助かることが多いものです。

我慢しない。早めに言ったほうが楽になる

本を読み、心で対話する

本は、自分の中にある漠然とした考えを言語化してくれる大事なものです。

たとえば、故稲盛和夫さんの「楽観的に構想し、悲観的に計画し、楽観的に実行する」という言葉を目にしたとき、「自分の考えは間違っていない」とハッとしました。「悲観的に計画し」とは、つまりビビっているということ。表現はちょっと違うけれど、同じことを言っている。ビビるのは悪いことかと思っていたけれど、実はいいことだったのだと安心したのです。

それとともに、「楽観的に構想し」とまでは考えていなかったので、とても気づかされましたし、頭の中の整理ができました。

それから本は、自分にない〝ものの観点〟を知ることができます。同じ「悩み」をテーマにした本でも、たとえばメンタルトレーナーの書いた悩みを克服するスキルをまとめた本もあれば、お坊さんが書いた悩みを解き放つ方法を書いた本もある。自分の気分に合わせて読むことができます。

本を読むと、考えに幅が出てくるように思います。

まず、本を読むことで自分が経験していないことからも発想ができるようになります。たとえば、シリコンバレーに行ったことがなくても、本から得たシリコンバレーの事例を自分なりに解釈してアウトプットすることができます。

私は、今でこそ週に2、3冊本を買って本を読んでいますが、じつは小学生のときに読んだ本は0冊。それどころか、小中高を通して自分で本を買ったのはマンガだけ。

「好きな本はなんですか?」と聞かれると、学校の国語の授業で習った夏目漱石の「こころ」と答えていました。内容は覚えていませんが、タイトルが覚えやすかったからです。そのくらい本とは縁遠い生活を送っていました。

それが変わったのが、18歳のときです。悩んでいたときにふと心理学の本を手に取って読んだら……ものすごく心が軽くなったのです。「本ってめっちゃええやん！」と思って、そこから目覚めました。

本を読んでいる人と読んでいない人とでは、考え方も会話の内容も深みが違ってくると思います。

本は心のサプリメントのようなものだと思っています。もやもやすることがあれば、書店に行けば解決することも多いものです。

本ほどコスパのいい師匠はいない

「お世話になっているか」を基準に判断

私は可能な限りですが、食事会や飲み会などの誘いは断りません。「伊庭くんは断らないよね」と言われたこともあります。

でも、先ほども言いましたが本当は人見知りのほうなんです。しかも、宴会嫌いなんです。飲み会もそんなに好きではありません。なのに、断らないのです。

それはなぜか？　と言えば、「ご縁」を大事にしているからです。相手が「お世話になっている人」かどうかは非常に大きいです。お世話になっている人のためなら、その人がよろこんでくれることをしたい、と無意識に「相手軸」で考えているところがあるのかもしれません。

宴会もそうですが、たとえば、1回仕事でご一緒したような方に「これお願いできませんか？」と言われたら、「わかりました！」と言いたいほうです。でも、はじめて会う方にそれをやるかというと、そこまでお人よしではありません。「お世話になっているかどうか」は、私の中では大きな基準です。

ご縁を大事にすると、自然と人は集まってきます。それを教えてくれたのは母でした。

母は小さな喫茶店を経営していました。その喫茶店は、なぜかいつも人でにぎわっていて、満席でした。近所の主婦の方から、大きな会社の経営者の方まで、遠方からもお客さんがやって来るのです。子どもながらに「なんでこんな小さな店に、遠くからわざわざお客さんが来るのだろう？」と不思議に思ったものです。

母は何か特別なことをしているわけでもなく、ただ目の前のことを一生懸命やっているだけです。でも、そんな母としゃべっていて気づいたのは、「とにかくおいしく食べて帰ってもらいたい」「話をすることで、この場所を楽しんでもらいたい」「もっとよろこんでもらいたい」という母の気持ちでした。

だから、オムライスも「ちょっと量、多いんちゃうか?」というほど大盛り。

また、コーヒーにはいつも豆をつけていました。名古屋ではコーヒーに豆がつくらしいですが、私のいた関西では普通つけません。私が「なんで豆つけんねん?」と聞くと「この豆、おいしいからつけてあげんねん」と母。実にシンプルな答えです。

母はいつも、「お客さまはみんなコーヒーを飲みに来ているわけじゃない。コーヒー飲むだけなら、別にどこだっていい。『会いに来たい』『話がしたい』と思ってくださっているんや。そう思ってくれている人に、自分は何ができるんか? 恩返しせんといかんわな」と言っていました。だから、豆は母の恩返しの印なのです。

「好意の返報性」という有名な心理法則があります。恩を感じたら恩を返さないとバランスが合わない。人は自然とバランスを保とうとする法則です。恩を大事にするのは、豊かな人生を送る条件のようにも思えてくるのです。

成功したいなら 大事にすべきは 損得より恩

他人の目が気になったときは

「あの人にどう思われているだろう？」「どういう目で見られているのか心配……」と思うことがあるかもしれません。そのようなときには、「その人に食べさせてもらっているわけではない」と考えましょう。

また、母の話です。

27歳の頃、当時の上司にこう言われました。「世界一安全な車で妻を守ろうとは思わないのか？」。私が「普通、27歳のサラリーマンがベンツに乗ります？」と言うと、「まあ、いっぺん乗ってみるか？　俺のベンツを。１週間貸してやる」。

どういうことかと言うと、上司の乗っているメルセデスベンツを買えと言うことです。とりあえず1週間借りることにして、自宅の車庫にベンツを停めていたら、案の定、近所の方に言われました。

「伊庭さんの車ですか？」

「いえ、上司の車です」

「上司の方、稼いでいらっしゃるんですね」

「いや、どうなんでしょうね」

こんなことになるだろうと思ってはいたけれど……。世間体を考えたら、ベンツはいい車だけど自分が乗るのはあり得ないと考えていました。

あるとき、実家に行く用事があったので、このベンツの話をしました。てっきり母に「若い会社員が乗るとバチが当たる」と言われるとばかり思っていたら、

「ええやん、別に。ベンツに乗りたい思うんやったら」

と言うのです。

「でも、こんなん世間がどう思うか。実際に近所から言われたし」

と私が言うと、母は、

「世間て、いったい誰のこと言ってるの？」

と言い、さらにこう付け加えました。

「別にご近所さんに食べさせてもらってるわけちゃうんやろ。そこまで気を遣ってたら何もできないで」

たしかに、ご近所さんからお小遣いをもらって生活しているなら贅沢はできませんが、そういう関係ではありません。また、ご近所さんにとってみれば、どうでもいい話です。

それ以来、私の頭の中にはこの言葉が意訳されて入っています。

人（世間）からどう思われるか？　というのは当然大事だけど、だからといって委縮する必要はない。なぜなら、その人（世間）にお小遣いをもらって食べさせてもらっているわけではないから。

そのように考えると、あまり他人の目を気にする必要はないな、と思えてきませんか？

その人に食べさせて
もらっている
わけではない。
だから大丈夫

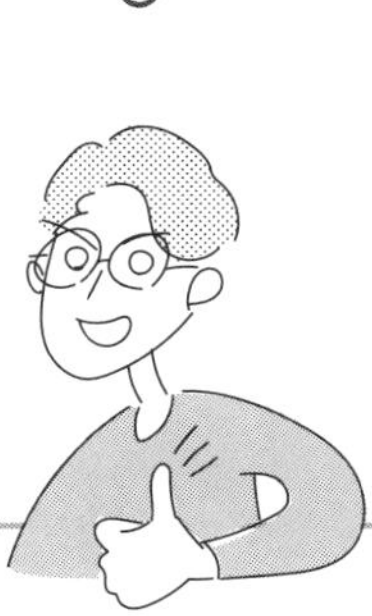

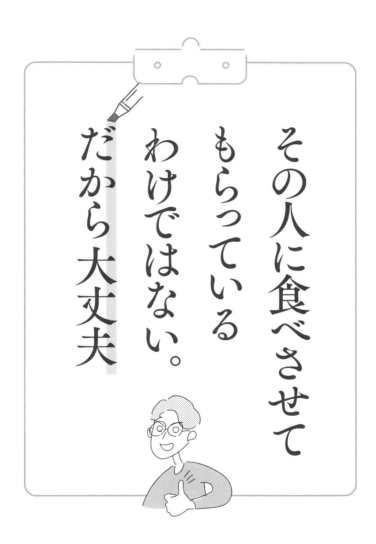

第3章

「やる気」に頼らない

落ち込みから早く回復する「U字曲線」

イヤなことがあったり、落ち込んだりしたとき、どんどん暗い気持ちになって底に沈んでいくことがありますね。そのようなときに使えるのが「U字曲線」の考え方です。

人の心は「U」の字のように変わっていきます。

Uの上の部分は気持ちが上がっている状態、Uの下の部分は気持ちが下がっている状態を表します。

たとえば、お客さまから怒られたとき。

「ああ、やってしまった」「つらいな……」など、気持ちはUの字の左側からすべり台のように下がっていきます。ですが、あるとき底に達して止まります。「考えても仕方がないな」「これってよく考えてみると、自分の能力の問題ではなく仕組みの問題だな」と意味づけができます。

次に、「だったら、どのような仕組みをつくればいいのだろう?」と解決法を考えるようになります。少しずつUの字の右側を上がってきている状態です。「そうか。ひとりでやるからミスが起こるのかも。だったら、誰かに協力してもらったらどうだろう? Hさんに相談してみよう」と考え、行動してみる。Hさんに協力してもらえることになり、一緒にやってみたら、ミスが起きなくなった。「なんかいいぞ!」こうして、Uの右上まで気持ちが上がってきます。

人の感情はこのように、Uの字をたどります。ちなみに、MIT(マサチューセッツ工科大学)のC・オットー・シャーマー氏が提唱する「U理論」と考え方は一緒で、これは変革をもたらす際も混迷から這い上がるようにUの字を描き、最終的に新しい世界にたどり着くというものです。このことを知っておけば、たとえショックな出来事やイヤな出来事が起こったとしても、自分の気持ちを客観視することができます。

「あ、今、落ち込んでるな。今、Uの字の左下の部分だな。意味づけができれば、気分も上がってくるはず。だから焦る必要もないな」とわかるようになります。

人事異動で自分にとってうれしくない部署に戻されたことがありました。「その部署には前にもいましたし、もうやりたくないですよ」と訴えるも聞いてもらえず。「俺はダメだったのかな」「会社に嫌われてるのかな」と落ち込み、「もう辞めようかな」とも考えました。

そんなとき、このU字曲線を思い出しました。「そうだ。意味づけができたら気持ちは上がっていくはずだ」。

そこから、「この人事はどういうことなんだろう?」と考えはじめました。「前にやった仕事だけれど、もしかすると自分にとっては意外といい経験になるかもしれない。おもしろくない人事をくらって、そこで活躍できたら自分にとってすごい力になるかもしれない。割り切ってやってみるのも、意外といい結果が出るかもしれない」

と思えるようになったのです。

そして、「割り切ってやるんだったら、ダメ元であれもやってみようかな。これも試してみようかな」と、次々にアイデアが浮かんできました。それを上司に相談してみたら、了承してもらえて、すんなりと事が進んでいったのです。前と同じ部署だけれど、状況は以前とはまったく違ってポジティブな方向に向かっていきました。

落ち込んだときには、Uの字を思い出しましょう。そして今自分は、Uのどの位置にいるか？　を客観的に確認します。

ずっと気分が落ちているわけではない、必ず浮上することもわかりますし、「この事象はどんな意味があるのだろう？」と意味づけができると、次のアクションやアイデアが生まれてきます。

つらいと
思ったときは
ひと皮むける
チャンスでしかない

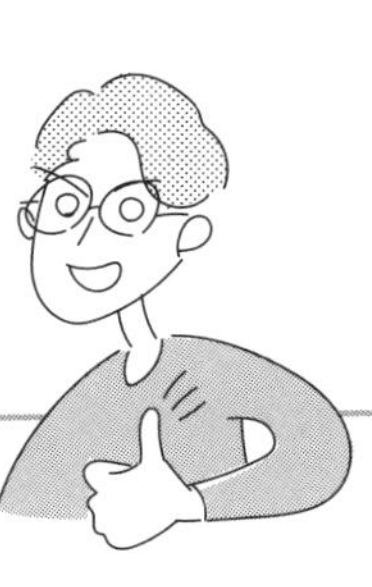

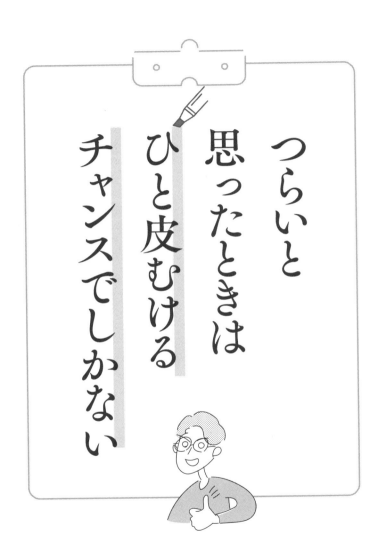

視点を変えて俯瞰する――リフレーミング

先ほど、U字曲線の話をしましたが、Uの底を浅くする、つまり感情の落ち込みから早く回復する方法をご紹介したいと思います。「リフレーミング」という方法です。ものごとを、視点を変えて眺めてみる。ひとつの解釈ではなく、3つ、4つと別の解釈を考えるのです。

何か失敗をしたとき、「ああ、もうダメだ……」といつまでも悩み、落ち込み続ける人はひとつの考えにとらわれがちです。別の切り口を見つけることで、解放されることも多いものです。

いろいろな視点を持つための、3つの切り口があります。

ひとつ目は「本当にそうなのか？」「ほかにないのか？」、ふたつ目は「周囲から見たら、どうなのか?」、3つ目は「未来の自分から見たらどうなのか?」です。

1.「本当にそうなのか?」「ほかにないのか?」

たとえば、仕事がうまくいかないとき。ものが売れない。「自分には能力がないのかもしれない」「この仕事に向いていないのかもしれない」と思ったら、「本当にそうなのか?」と考えてみましょう。

本当に能力がないから売れないのか? とまずは考え直してみるのです。実は能力の問題ではなく、行動していなかっただけかもしれません。ほかの人とくらべて工夫が足りなかっただけかもしれません。ほかの理由を探るうちに、「ほかにできることはないかな」と考えるようになります。誰かに相談してみよう、工夫するのはこうしたらいいかな、などほかにできることを考えるようになります。

「本当にそうなのか?」「ほかにないのか?」この図式で考えられると、大きく前進します。

2.「周囲から見たら、どうなのか？」

ふたつ目は、「周囲の人がこの事例を見たら、どう考えるか？」を想像してみることです。

私が仕事でものすごくつらい思いをしたとき、ある先輩に相談しました。「Iさん、俺、会社でこういうことがあって、つらいんです。Iさんはどう考えますか？」

すると、Iさんはポロッとこう言いました「どうでもええわ」。そして、こう続けました。「伊庭、言うとくな。おまえの悲劇は他人にとっては喜劇程度のことなんだよ」。

めちゃくちゃ刺さりました。そうか、自分が今落ち込んでいることも、ほかの人から見たらおもしろおかしい話のネタにすぎないんだ。取るに足りないことなんだ。

そんなもんなんだ、と思ったら、気持ちが急に軽くなりました。あとになって、それが喜劇王と呼ばれたチャールズ・チャップリンの名言であることを知りましたが、たしかにそう。自分がしんどいと思っていることは、他人から見ると「いい経験してるよね」くらいのことであることがほとんどです。

3．未来の自分から見たら、どう思うか？

３つ目は、未来の自分が見たらどう感じるのか？　です。もし、今35歳なら、36、37、38、39、40……50歳くらいまで書き、この年齢ではこうなっていたいな、という理想を書いてみます。次にその年齢から今の自分を見たときにどう感じるかを考えてみるのです。

たとえば、50歳の自分が、35歳のつらい思いをしている自分を見たら、なんと声をかけるでしょう。「よく頑張っているな」なのか「いい経験に変わるぞ」なのか。人生の先輩として、過去の自分を眺めてみましょう。

いずれにしても、いろいろな視点から自分を見られるようになると、落ち込みはなくなります。むしろ自分にとってプラスに働いているのだろうな、と思えるようになるでしょう。私も迷ったときには常にやっていますが、今の自分がかわいく思えてきます。

疑うほどに問題がささいなものだと気づける

とにかく人から話を聞く

つらいときにはつい自分ですべてを抱え込みがちです。でも、そのようなときには誰かに意見を求めることをおすすめします。

自分のことは自分が一番わからないんですよね。また、自分が今どのような状況にあるかも気づきにくいです。迷いや焦りは意外と周囲の人のほうが気づいていることも多いものです。人に話を聞くことで目が覚めたり、目からうろこが落ちたりするのはよくあることです。

「こんなこと聞いたらかっこ悪いな」「弱いところを見せちゃいけないな」というプライドは、この際捨てましょう。

それから、もしあなたにお子さんがいるなら、子どもにも意見を聞いてみましょう。思いもかけなかった答えが返ってきたり、ハッとするような言葉が出てきたりすることがあります。

私はつらかったとき、親や妻、会社の先輩などに相談しましたが、なかでも子どものアイデアはより純粋で的を射ていたように思います。

「今の会社を辞めて、自分で会社を起こそうと考えてるんだけど、家族もいるから不安があるんだよね……」と聞くと、当時小6の子どもはこう答えました。

「ええやん。会社員のままでお金もらいながら、次の準備したらいいだけちゃうの」

たしかに。驚くまでにシンプルな答えに、ハッとさせられたものです。最後には、「僕も受験を頑張るから、お父さんも頑張ったらええやん」と言われて、めちゃくちゃ励みになりました。聞いてみるもんですね。

妻には、あれこれ考え抜いた末に「会社辞めて、コンビニを経営しようかな。自分の強みを生かしたら、儲ける自信あるんだよな」と言ったことがあります。そしたら、「いや、意味わからん。見失ってるよ、自分を」と返されました。「やりたい人はやったらいいと思うけど、あなたはこれまでに一度も『コンビニやりたい』なんて言ったことないでしょ。目の前のことに右往左往したらダメ。もともとやりたかったことはなんだった?」

「研修の会社」と答えると、

「全然コンビニと違うやん。じゃあ、今はその準備期間なんじゃないの?」

そうでした……。我に返って、コンビニ計画は一瞬で消えました。

迷うことがあったら、人に話を聞いてもらいましょう。頭ごなしに否定する人ではなく、フラットに聞いてくれる人であれば、友人でも同僚でもいいでしょう。まずはひとりで考えすぎないことが大事です。

あなたの迷いや焦りは周囲の人のほうが気づいている

「if-then」で行動がすんなり進む

「こうなったときは、こうする」と決めておくと、迷わず行動でき、行動力が高まります。

このテクニックは、コロンビア大学のモチベーション・サイエンスセンター副社長であるハイディ・グラント教授の『やり抜く人の9つの習慣』で提唱している「if-then プランニング」によるものです。先にお話しした、U字理論の「内省」部分を飛ばしたバージョンと言えるでしょう。内省するほどのことでもない行動であれば、この「if-then プランニング」を利用するといいでしょう。

たとえば、「17時になったら必ず電話をする」「人と会ったら必ず笑顔でいる」「くじけそうになったら、いったん考えるのをやめる」「スランプに陥ったら、別の方法を試す」「わからなかったら人に聞く」というように、「こうなったとき」にやることをあらかじめ決めておくのです。それによって、モチベーションに担保されずに行動を起こすことができます。

私は、次のようなことを決めています。

◎しんどくなったら、シャワーを浴びる

↓頭がすっきり切り替わり、余計なことを考えなくなるから。

◎気が滅入りそうになったときは、人としゃべる

↓人としゃべると元気になることがわかっているから。

◎研修前日は、服を用意してから寝る

↓朝バタバタするとあまりよくないことがわかっているから。

◎研修の前の晩には、デスクの上をオンライン研修の状態にセッティングしておく

↓ゆっくりと余裕を持って座れると、いいスタートが切れるから。

◎ホームで電車を待つときは、執筆の時間にあてる

↓電車を乗り過ごしたら「執筆時間が増えた。ラッキー」と思えるから。

◎特急と各駅停車の両方が停まっていたら、各駅停車に乗る

↓各駅停車のほうが仕事もできるし、考える時間にもあてられるから。

◎迷ったら、後悔しない選択をする

↓たとえば、「この店、入るべきか？ 入らないべきか？」と考えて、どうでもいいな、あとでも後悔しないなと思ったらやめる。「このメニュー頼むべきかな？」と考えて、「あとからこれを頼めばよかったと思うかな」と思ったら頼みます。ちなみに、知り合いの経営者は「迷ったら苦しいほうを選択する」だそうです。

このように、自分なりのルールでいいので、持っておくだけで、行動力は大きく変わります。

マイルールをつくれば「すぐやる人」になれる

計画に落とし込み、計画に従う

よく「モチベーションをアップさせましょう」とか「モチベーションをキープする方法」などと書かれた本や記事を見ますね。でも、私はモチベーションには従いません。「手帳」に従うだけです。

「手帳に書かれた通りにする」と決めているので、たとえどんなにテンションが低くてやる気がないな、しんどいな、と思っても、やるしかありません。モチベーションには左右されないのです。

特に、朝一番はやる気が出ないですよね。それでもやるべきことはある。だったら、「やりたくないな」という気持ちは置いて、やるしかありません。

手帳は秘書のような役割を果たしてくれます。「今日は9時から11時まで電話、11時から12時までは企画書作成の予定が入っております」と言われたら、動くしかないですよね。それと同じことです。

自動的にはじめて、時間になったら終わる。

手帳に従って行動していくと、結果的にいいことが起こります。「イヤだな」と思っても「書いてあるから仕方ない」と割り切って行動することができます。

これをやると、モチベーションは上下しても、パフォーマンスには影響が出ません。

このように計画に落とし込み、計画に従うだけで、実行力が300%アップすることが、先のハイディ・グラント教授によってわかっています。

ある研究結果によれば、予定は手書きで書いたほうが実行力が高まると言われています。でも、面倒くさいと思う場合には、スマホにでも書き込んだらいいと思います。

ちなみに、私はシステム手帳で1週間のバーチカル型というのを使用しています。たとえば、美容院で髪を切ってもらっている間に「テキスト1、2、3を書く」ことを課しています。

美容院にいるときくらいゆっくりしたいという気持ちはありますし、面倒だなという思いもありますが、計画を立てたのだから、やらざるを得ないという気持ちもあります。

「まあ、面倒くさいけど、手帳に書いてあるから。よし、この2時間で3つ全部やってしまおう」という感じでやっています。しんどいからこそ短時間で終わらせよう。2時間でやっちゃおうと、必死になるのです。ところが、いざやりはじめると不思議なことにおもしろくなってしまって、2時間ですまなくなることも。最後には、「ああ楽しかったな」と思えることが多いです。終わったあとには爽快感すら感じます。

とにかく、やることを書き出して、計画を立てる。それさえやってしまえば、あとはたいていの場合、楽しく事を終えることができます。

面倒くさいことからさっさと終わらせよう

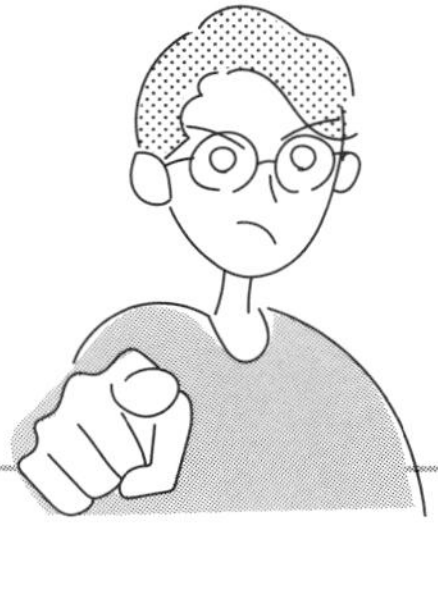

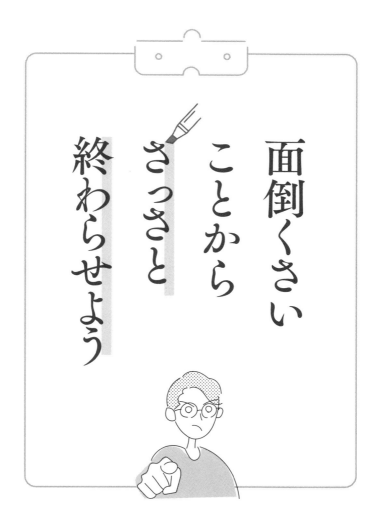

仕組化すれば、やる気はいらない

先にもお話ししましたが、仕事をするうえでは、モチベーションが高いときと低いときによって、やるべきことが左右されないようにすることが大事です。そのために、私が実際に行っていることをご紹介したいと思います。

ひとつ目は、先述したように「スケジュールに落とし込む」ことです。スケジュール帳に書き込んだことはやると決める。それに従うだけなので、モチベーションは関係なくなります。

ふたつ目は「意志力」です。人は1日に持っている意志の量が決まっていると言われています。それはひとつずつ選択をするたびに減っていきます。

たとえば、朝起きて「どの服を着よう?」、お昼に「ごはんは何を食べよう?」、仕事で「今パソコンに向かうべきか否か?」小さな判断を行うたびに意志力がだんだんと減少していくのです。ということは、余計なことに意志力を使わなければ、いざというときに多くの意志力を使うことができるということです。スティーブ・ジョブズは服を選ぶことで意志力を消費することを避けるために、いつも上は黒の服、下はジーパンと決めていました。それと同じで、「この時間になったら、自動的にこれをする」と決めていたら、意志力を使うことはありません。

3つ目は、「やりたくないな」とか「しんどいな」と思ったときには、とりあえず1分だけやることにしています。「レポート書くの、めんどくさいな」と思ったら、とりあえずパソコンを立ち上げて1分だけ書いてみる。書きはじめると、1分はあっという間です。今度はやめにくくなります。これは「作業興奮」という心理作用で、少し作業をすると次第に気分がのってくるというものです。

まずは「1分だけ」と決めると、意外とすんなり行動を起こせるだけでなく、やめるのが面倒になるはずです。

とりあえず1分あとは自動的に頑張れる

第4章

「ミス」におびえることを捨てる

失敗した人のほうが成功確率は高い

失敗するのって、やっぱり怖いですよね。取り返しがつかないような気持ちになるかもしれません。

でも、ひとつ知っておいてほしいことがあります。それは、「失敗した人のほうが成功確率が高い」ということです。ロケットの打ち上げも、一度失敗したあとのほうが成功する確率が高いと言われています。それはなぜかと言えば、失敗を失敗として終わらせず、その原因を考えて次の改善策を練るからです。

そう考えると、失敗はむしろ「成功へのプロセス」でしかありません。成功しなければ成長も遅くなるとも言えるのではないでしょうか。失敗を恐れるということは、成功を恐れることと変わりません。

失敗したら落ち込みますし、へこみます。恐れも感じます。でも、そこで終わらせず、うまくいかなかった原因をもう一度確認してみましょう。「なんでそうなったのかな？」と冷静に考えてみると、「こうすればいいのかも」というパターンが見えてきます。

それに、失敗したことが、かえって自分の気づきになる場合もあります。

以前、ある資格のテストへの挑戦に失敗したことがありました。「できると思っていたのに」「あれだけ勉強したのに」といらだつ気持ちのあとに、「俺って能力ないのかな」とズシーンと落ち込みが襲ってきました。

ですが、「なんで失敗したのだろう？」と考えていくうちに、「そもそも、本当に自分の貴重な時間を費やして準備すべき価値があったのだろうか」と思えてきました。

その挑戦に成功したらいいなと期待して準備してきたけれど、別にその資格がなくても今の仕事に支障はないということに気づいたのです。

もちろん、挑戦する過程で学んだことはたくさんあるので、それはよかった。でも、私のゴールはその資格をとることではないし、それにその資格を生かそうとしたら、むしろその後の仕事に影響していた。それは、やるだけやって失敗したからこそ気づいたことでした。

実際にやってみることで気づくことがある。学びがある。まさに失敗から得られることでしょう。だから、いろいろなことにどんどんチャレンジしてみて、失敗して、気づきをどんどん得ればいいと思います。

「やらなきゃよかった」は、かけがえのないものを失ったり、後悔しきれないものがあったりするなど、取り返しのつかないことだけです。致命的ではない失敗は、むしろやっておいたほうがいいでしょう。

うまくいかなかったのは、うまくいくための布石。

そう考えると、失敗しても落ち込みは浅くてすむはずです。

失敗は成功への
プロセス
は、本当だった

どこをミスしたかわからない……そんなとき

たとえば上司に「これ、ちょっと違うよ。直しておいて」と言われたとき。どこが間違えているのかわからない、何をどうしたらいいのかわからない、ということがあるかもしれません。

こんなときには、どうすればいいでしょう。

この場合、ミスが起こったことはひとつの現象にすぎません。一番の問題は「何が問題か？」がわかっていないこと。それをわからないまま作業に取りかかったとしても、またうまくいかないのは明白です。

まずは、問題を確認することからはじめましょう。

「どこを見たらよいでしょうか。自分では気づけなかったのでご指示いただいてもいいですか?」と聞いてみます。その会話をしたかしないかが重要。つまり、コミュニケーションを取ったかどうかが大事なのです。

ところがここで、「上司に聞いたら、『こんなこともわからないのか』と思われそうでこわい」と考えるかもしれません。

実は多くの場合、ミスをしないかおびえているのではなく、「相手にどう思われるか?」におびえています。でも、相手に確認をせずに直そうとして、結局またミスしたら、上司には「この人は何度言っても同じことを繰り返すな」と思われるだけです。

上司に確認して2度目は正しく直せた場合と、上司に確認せずにまたミスした場合、どちらが相手の評価がいいでしょう。明らかに前者ですよね。

ミスにおびえるのは仕方ないことですが、どう思われるかにおびえることほどムダなことはありません。相手も「わからないなら聞けばいいのに」と思っている場合も多いものです。

これは、お店で探している商品が見つからないとき、店員さんにすぐ「この商品どこにありますか?」とためらわずに聞ける人と聞けない人の差にもつながるかもしれません。店員さんに聞くことは、少し気後れしますよね。「あのー、すみません」と声をかけても気づいてもらえないと、「やっぱり自分で探したほうがいいのかな」と心が折れかけます。

でも、ひとりで探しまくる時間より、店員さんに聞いたほうが、実際にはすぐに解決するし、ストレスも少ないものです。気後れするのと、自分が不利な状態になるのを天秤にかけた場合、不利になるほうがイヤだったら、思い切って聞いてしまえ。これは仕事の場合も同じではないでしょうか。

相手にどう思われるか？　とつい考えがちですが、あまりそこにとらわれすぎると、かえって自分の不利になる行動をとる結果になります。

行動が空回りしがちな人は、聞かなかったばっかりに結局損していることも多いでしょう。

何が問題か？　がわからなかったら、思い切って確認してみる。その習慣をつけてみると、結果も変わってくるはずです。

悩むだけムダ
聞いたほうが
早い

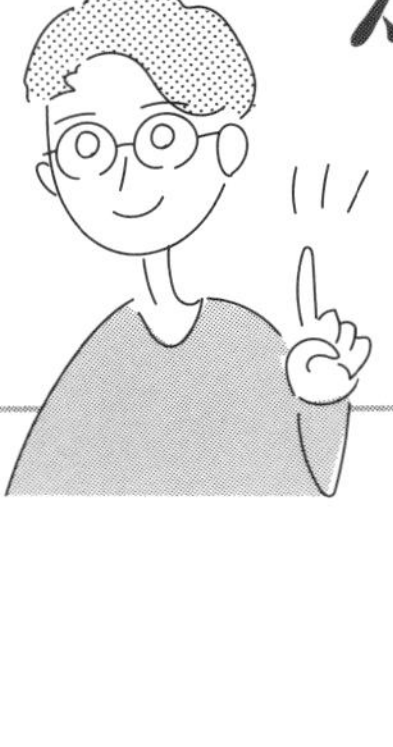

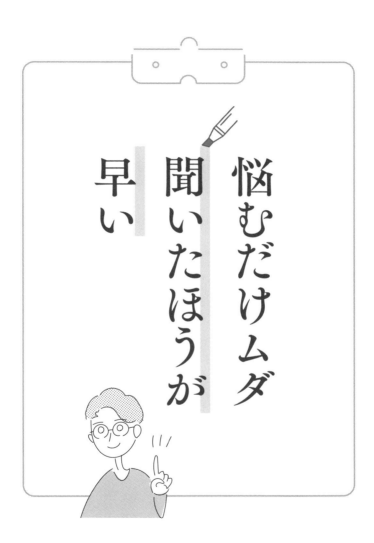

ミスしたとき、どうすればいい？

私はミスの数でいったら、ほかの人にも負けないくらいです。でも、くよくよするかといえば、しません。なぜなら、ほとんどのミスは致命的ではないから。問題にしないのです。

先日もこんなことがありました。

研修で配布資料を指しながら、「では、次のページをご覧ください」と言ったら、1ページの次がなぜか3ページになっていたんです。そこで、私はこう考えました。「おかしいな……。自動でナンバリングされるはずなのに。理由はわからないけど、まあ大勢には影響ないし、ええか」。

そして、「すみません。これ、3ページになっちゃっていますね。原因がわからないのですが、これを仮にニュー2ページとして進めさせてください」と言って、研修を続けていきました。終わってから、事務局の方に「期待を超える研修をやっていただき、ありがとうございました！」と言っていただきました。

ミスを恐れる人は、ミスすること自体が問題だと考えるかもしれません。でも、本当はミスすること自体は問題ではありません。致命的でなければ大丈夫なのです。

致命的ではないミスは許す気持ちで、「すみません。やってしまいました！次からは気をつけます！」と前向きに言えると、相手もそのミスを軽く受け止め、さらりと流してもらえることが多いです。一方、自分のおかしたミスを許せず、「すみません、すみません！」とずっと引きずっていると、相手も重く受け止めてしまいがちです。1のことが3に見えてしまうのです。

であれば、潔くやってしまったことを認めて、謝って、リカバリーすべく次に進んだほうがいいと思いませんか。「相手がどのような対応を望んでいるか？」を考えてみると、たいていのミスは問題なく解決するはずです。

99.9%の
ミスは
問題ではない！

自分で気づかない大きなミスの見つけ方

自分ではたいしたことのないミスだと思っていても、相手にとっては大きなミスだったという場合もあります。自分のミスがわかっていないことが積み重なると、「あの人、ちょっとできないね」と思われがちです。

なぜ、自分と相手との感覚にギャップが生まれるのでしょうか。

それは、「自分の視点」からしかものを見ていないからです。「相手がどう考えているか？」を見ていないのです。つまり、相手との「共感性」です。

相手との共感性を高めることで、相手の視点に立ってものを考えられるようにもなっていきます。

では、相手との共感性を高めるにはどうすればいいでしょう？

それは、次の３つの「切り口」から相手のことを考えてみることです。

ひとつ目は、その人が置かれている立場はどのようなものか？

ふたつ目は、相手は今どういう状況にあるか？

３つ目は、相手はどのような感情か？

相手の視点でものを考えられる人は、この３つを無意識のうちに考えているので、言い当てることができます。「相手がどう考えているか？」がわからない人は、この３つの問いに答えることができません。

「自分ではたいしたことないと思っていたら、実は相手は大ごとだと怒ってしまった」という経験がある人は、ぜひ、１日を思い返すときや仕事での振り返りの際に、この３つを反すうしてみましょう。そこでもし「ああ、やっちゃったな」と気づいたら、次からはその場でこの３つを考え、確かめてみるといいでしょう。このように考えるクセをつけることが大事です。

とはいっても、先にもお話ししたように、弱みを克服するより、強みを生かすことのほうが重要なので、一番は考えすぎないこと。強みを探すことを優先しましょう。

相手の視点から見ると「優先順位」が見えてくる

クレームはチャンスの前ぶれ

クレームや不平を聞いて落ち込むこともあると思います。でも、大丈夫。クレームや不平不満はチャンスに変えてしまいましょう。

1970年代に活躍したアメリカの消費者苦情処理の専門家、ジョン・グッドマン氏が提唱した「グッドマン理論」というものがあります。

グッドマン氏によると、こんな法則が成り立ちます。

ある商品を購入して満足して再購入した人より、不満を持って苦情を言ったらその対応が良くて満足し、再購入した人の割合のほうが高かった（なんと、実に8割の人がリピートにつながった）。

ちなみに、不満を持ったけれど、何も言わなかった人の再購入率は9％だった。

「苦言を言ってくれてありがたい」とか「苦情を言ってくれるうちが花」と言われますが、本当にその通り。

仕事でも、不平を言われたら「チャンスが来ている」「試されている」と思っていいのです。そこで迅速に対応したら、信頼を勝ち得ることができて、今までよりさらにいい状況に持って行くことができるからです。

リクルートで求人広告の営業をしていたときこんなことがありました。

毎週木曜日に、仕事の依頼があるかどうかを電話で確認するよう言われていた取引先がありました。あるとき、その会社から求人広告の依頼があったのですが、広告を掲載している途中でまた木曜日がやってきたのです。

「広告を掲載中に電話で依頼するのはちょっとおかしいかな。でも、電話しないで怒られるのもイヤだから一応しておこう」と考え、結局は電話することに。受付の人に、「今、広告を掲載中ですが、毎週電話するお約束なので、必要ないかとは思いますが一応電話しました」と伝えたのです。

するると、受付の人は「少々お待ちください」と私に言ったあと、社長さんにこう伝えているのが電話口から聞こえてきました。「社長、伊庭さんから電話で、『来週またやりますか?』と言っています」と。

「いや、違う! 俺はそんなこと言ってない」と思ったそのとき、受話器の向こうから怒声が聞こえてきたのです。

「あいつ、そんなこと言うとるんか。追加で注文とろうとしてるのはおかしい。『二度と来るな!』そう言うといてくれ」

ちょ、ちょっと待った。受付の人よ、正確に伝えてくれー!! と思いながら、社長に弁明するためすぐに飛んでいきました。

「社長、違うんです! 私はこう言ったんです」

ところが、社長は完全無視……。面と向かって苦情を言われたわけではないけれど、明らかにその背中は「ふざけるな」と言っていました。まさに冤罪。このとき、私はこう思いました。

「あきらかに、この状況はマイナスだ。でも、『二度と来るな』と言われた時点で売上はゼロ。これ以上失うものはない。それなら、これから信頼を取り戻すゲームに変えることができるな」

そこから、社長がよろこぶことをひたすらやることにしました。

まず、販促品のメモ帳を「ご商売に使ってください」と持っていきました。完全無視です。

次に「新しいボールペンが入ったので使ってください」。またも完全無視。「社長、役立ちそうな資料をつくってきました」。手に取ってくれないので、机の上に置いて帰りました。

このように、週1回、手を替え品を替えながら、ひたすら訪問し続けました。半年ほど経ったときのことです。その社長がボソッと言ったのです。

「いつやねん、求人広告出すとしたら」

「あ……。火曜日です！」

「出しといてくれ」

「社長、いいんですか？」

「もうええから出しとけ。これ以上、俺にしゃべらせるな」

ふたたび広告を発注してくれることになったのです。

それから15年後、さらに感動する出来事がありました。

私は同じ部署に部長として帰ることになったのですが、その会社との契約がまだ続いていたのです。聞けば、あそこの社長がすごくかわいがってくれているとのこと。とてもうれしかったです。

このように、クレームがきてもそのあとにリカバリーし、お客さまを納得させることができたらリピートにつながります。

ネガティブな状況がきたということは、むしろ信頼を得るためのチャンスがやってきたということなのです。失敗して評価を下げたときほど、見せ場です。

逃げずに相手がよろこぶことを探してやってみましょう。逃げなければ、今よりも悪い結果になることはありません。

失敗は信頼を得るゲームのはじまり

逃げたくなったときの踏ん張り方

逃げずにやれば今より悪い結果になることはない、という話をしました。とはいっても、ときには逃げたくなることもありますよね。

そのようなときには、どのように踏みとどまる気持ちを持てばいいでしょうか。

私は心のどこかで、どんな人でも、どんな状況でも「話せばわかる」と考えています。だから、少し粘ってほしいのです。

これは営業を経験してわかったことですが、世の中のトラブルの9割はコミュニケーション不足によるものだと思うのです。たとえば、上司との関係やお客さまとの関係などもそうでしょう。

会話をしていないと、「そんなつもりではなかった」「そんなはずじゃなかった」という思い違いも生まれますし、「きっとこの人はこのように考えているはずだ」という勝手な思い込みが生じます。

話せばわかる。だから、まずはとりあえず話してみる。話せる場が訪れるまで頑張ってみることが大事です。

これを恋愛の場面でやるとストーカーと勘違いされるかもしれませんが、ビジネスの場合はまず大丈夫です。相手にも利益がある「win-win」の関係が築けるからです。

飛び込み営業では、無視をされることがとても多くありました。あるうどん屋さんも、やはり完全無視でした。何をしても無視されるから、うどんを食べて帰ることにしました。

無視され続けながらも5回ほど訪問したくらいでしょうか。不愛想だった店主が「伊庭さんだっけ?」と声をかけてくれたのです。

「もう負けたわ。普通、営業の人は無視し続けたら来なくなるもんなんだよ。断るほうだってイヤなんだ。だから、無視するんだよね。でも、伊庭さんはこれからも毎週うどんを食べにくるやろ？　もうこれ以上断ると申し訳ないから、求人出すわ」

と言われました。それ以来、とてもいい関係を築くことができたのです。

おそらくほとんどの人は、無視をされたら行かなくなると思います。だって、つらいですよね。

たしかに最初の3回目くらいまでは、「うわ、また無視か。うそやろ」と思いますが、5回、6回と回を重ねるうちに無視がデフォルトになってきます。でも、心の中では「この状況も今だけの期間限定だよな」と思っています。

どんな状況でも、ほんのちょっと粘って話す機会をつくれたら、たいていは解決します。だから、逃げ出さずに話してみてください。

どんなときも、話せばわかる

「役割の自分」をまっとうすると

ここまでえらそうなことをいろいろとお話ししてきましたが、元の自分はとてもダメ人間でした。

小学校の頃に班長に選ばれましたが、いつも持ち物検査は「×」。給食のときに敷くナプキンを面倒くさがって持っていかなかったのです。

班ごとに「〇の数」を競っていたので、班のほかの人からは「持ってきて」と何度も言われました。あまりに何度も言われるので、あるとき学校にあった紙を1枚敷いて、「これが俺のナプキンだ！」と言ったら、班長のリコール運動が起きました。

「持ち物検査で×ばっかりの人を班長にさせておけない」と、学級会で決を取ったら賛成意見が大多数。班長を辞めさせられたという黒歴史もあります。

大学時代は、ＣＤやギターを借りて、返すことを忘れていたということもありました。時間にもルーズだし、イヤなことはやりたくないタイプ。どちらかというとマイペースで、「リーダーになんてなるやつの気がしれない」とすら思っていました。

そんな私が、社会人になったら「リーダーは最高！」と言い、借りたものはきちんと返す。約束や時間はしっかり守り、どんなことからも逃げない。

人は変われば変わるものですね。それはなぜかと言えば、仕事を通じて「役割の自分」をしっかり務めるうちに、「素の自分」まで変わっていったのだと思います。

なぜこのような自分の恥ずかしい話を披露したかというと、「役割の自分」と「素の自分」を分けて考えるようになると、こんな人間でもモチベーションや気持ちに左右されることなく頑張れるのだ、ということをお伝えしたかったからです。

こんな私でも社会人になったら、いろいろな方の前で研修や講演を行い、40冊以上の本を出せるまでになりました。つまり、人間は生まれ変われるということです。

人は仕事を通じて役割を果たすことで、人格が鍛えられます。そして、どんなふうにでもなりたい自分になれるのです。

人間は仕事を通じて生まれ変われる

部分的謝罪をする

上司にミスを指摘されたとき、取引先から謝罪を求められたとき、どう対応しますか？

「ミスばかりしている自分がイヤになる」という方もいるかもしれません。でも、物事すべてあなたが悪いわけではありません。あなたがミスをした一部分がよくなかっただけ。だから、「部分的謝罪」をしましょう。「今回、この部分について申し訳ありませんでした」「その点についてご心配をおかけしてすみません」と伝えます。

ここで「私のような至らない者が……」と言うと、全否定になってしまいます。悪い点は切り離して謝ることが大切です。

たとえば、ある提案をして、相手が実行したところ、思うような効果が出なかったとき。「申し訳ありませんでした」と全面的に謝ると、その提案自体が悪かったことになります。

でも、効果が出なかったのは提案した側の問題だけでなく、それを実行した相手側の環境や条件によるところも大きいです。だから、全面的に謝る必要はありません。悪い点のみ切り離して、「○○の点について、ご心配をおかけして申し訳ありません」と謝罪するのです。その裏には、（我々が全部悪いわけではなく、心配をかけたことが悪いと思っています）という意味合いが込められています。

まずは、「何がよくなかったのか？」をきちんと確認しましょう。謝罪する場合には、「〝ご迷惑をおかけ〟したこと、心よりお詫び申し上げます」「〝○○が不十分〟でした。誠に申し訳ございません」など、その部分のみについて謝ります。そうすることで、自己否定をすることがなくなります。

自分を全否定しがちな人、マイナス思考のクセがある方は、きちんと分けて考えることで落ち込みは少なくなるはずです。

謝るときは「その部分」についてお詫びをする

人には得手不得手がある

先にもちょっとお話ししましたが、私は数々の失敗をしています。でも、たいして問題としていないのは「人には得手不得手がある」と思っているところがあるからです。

「弱みは致命的でない限り、克服しなくていい」というポジティブ心理学の考え方があります。弱みを憂う前に強みを伸ばそう、というものです。

ドラッガーも「致命的な弱みだけは解消したほうがいいけれど、強みを生かすべき」と言っています。弱みに気をとられすぎるのは得策ではないことを、肝に銘じておきましょう。

私の大好きなギタリストにローリングストーンズのキース・リチャーズが

います。

世界的に有名ですが、その腕前は素人でもわかるくらい、テクニックの面ではうまいとは言えません。速弾きもしませんし、ときにはリズムがおかしなこともあります。プロとしては、あまりいないタイプです。でも、伝説のカリスマギタリストでかっこいいのです。

そんな彼が、あるインタビューでこんな質問を受けました。

「キースとロン・ウッド（ローリングストーンズのもうひとりのギタリスト）、どちらが上手ですか？」

キースはこう答えました。

「それはむずかしいな。でも、ふたりが揃うと世界最強なんだ」

彼らが勝負しているのは、「味」であったり「パフォーマンス」だというわけです。かっこいいですよね。

まさに自分の強みで勝負し、世界中を魅了している。ライバルに負けじと速弾きを練習せずとも、自分の強みで勝負することで、世界のカリスマにもなれるというわけです。

あなたは
すでにスゴい！
あなたの強みで
勝負しよう

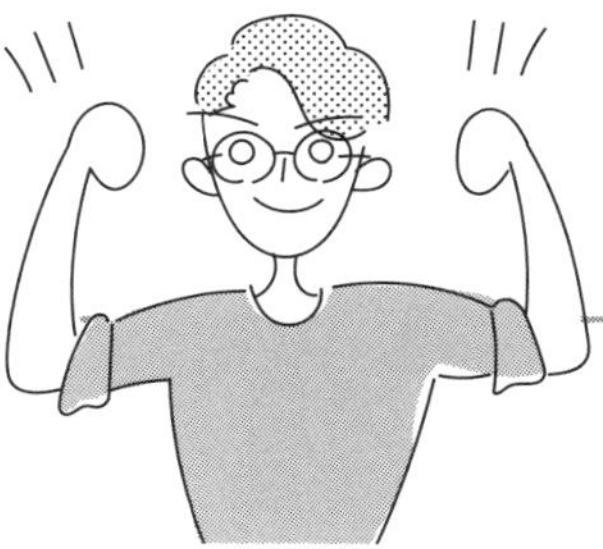

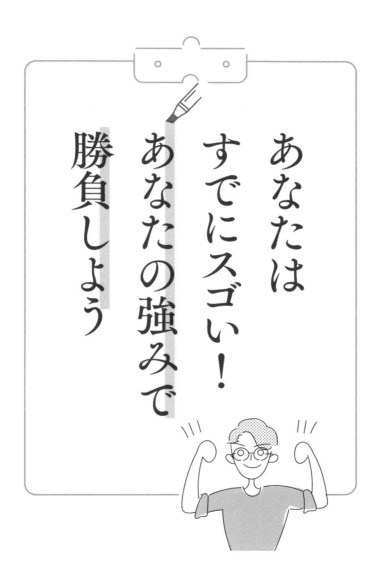

「NO」と言えない人に使えるこの方法

誰かに頼まれると「NO」と言えなかったり、遠慮して相談したりすることができなかったりする人もいるでしょう。そのような方に使ってほしいのが「DESC法」です。

これは、遠慮して言えないなら、配慮して伝えようという考え方です。

遠慮して言わなかったことで評価された人を私は見たことがありません。ですが、配慮して伝えたことで評価が上がった人はこれまでに数多く見ています。言いたいことは伝え方を考えながらきちんと主張することで、評価が上がるのです。

DESC法とは、Describe（描写）、Explain（説明）、Specify（提言）、Choose（選択）の略で、この流れで話を進めていきます。

D：Describe（描写）

まず、自分の意見をはさまず、状況だけを淡々と述べます。

E：Explain（説明）

次に、自分の思いや意見を述べます。

S：Specify（提言）

それから、具体的な提案、もしくは相談をします。

C：Choose（選択）

最後に、相手にどうするか？　を選んでもらいます。

たとえば、上司から急ぎで資料をつくってほしいという依頼があったとします。あなたは今手一杯で、すぐには取り掛かれません。そんなとき、このDESC法を使うことで、うまく調整できます。

上　司「この資料、急ぎでつくってもらってもいい?」

あなた「わかりました。ただ、A企画様宛に30分以内に1本企画書を送らないといけないのです（D）。

とはいえ、急ぎで対応すべきだと思っています（E）。

そこでご相談なのですが、今日の夕方まででもよろしいでしょうか。

であれば、確実にきちんと資料を作成できると思います（S）。

お急ぎかと思いますが、ご都合はいかがでしょうか？（C）」


このような流れを知っておけば、波風を立てることなく、自分の主張をさりげなくすることができます。また、「断ってしまうと嫌われるかな」という心配からは解放されるはずです。

これは、人に言いにくいことを伝えるときにも使えます。

たとえば、店内でお客さまが大きな声でしゃべっているので、少し静かにしてほしいとき。店員さんだったら、次のように言うことができます。

店員「失礼します。ちょっとよろしいでしょうか。じつは、ほかのお客さまから『少し静かにしてほしい』という声が出ております（D）。もちろん、私としてはせっかくいらしていただいているので、ぜひ楽しんでいただきたいと思っております（E）。だからこそ、ちょっとご相談なのですが、少しだけ声をトーンダウンしていただいてもよいでしょうか（S）。いかがでしょう？（C）」

このDESC法を使うと、たいていのことはクリアになります。お客さまや目上の人など、言いたいことを言いにくい相手にも使えますし、言いにくいことも角が立つことなく言えるでしょう。ぜひ、さまざまな場面で利用してみてください。

遠慮して言えないなら配慮して伝えよう

「時薬《ときぐすり》」の効果を期待する

失敗を「時間」が解決してくれることは、非常に多いです。

「人のうわさも75日」ということわざもあるように、人はそれほど覚えていないし、問題も時間とともに自然に解消されていくケースも多いです。

だから、解決に向けて手を尽くしてもなかなか結果が出ないときには、時間が解決してくれるのを待つのもひとつの手です。時間という薬が効くのを待つのです。

時間を利用するには、ふたつの方法があります。

ひとつは、解決策をあれこれと模索しながら、同時に「時間が解決してくれることもあるさ」と思うこと。

もうひとつは、「今はちょっと無理そうだな」と思ったら、いったん脇に置いておく。悩みなどはこの方法がいいかもしれません。

「何をしてもうまくいかない」というときや、何日も手を尽くしてみたものの成果が出なかった場合、それはそれとして脇に置いてある箱に入れて、別のことを一生懸命やってみる。ほかのことを頑張っているうちに、熱々に熱せられた問題は脇に置かれた箱の中で次第に熱が冷めていきます。そしてそのうち、たいしたことではなくなることも多いです。

渦中にいるときはわからないものです。でも渦中をすぎたとき、「ああ、そういうことだったのか」と見えてくることがあります。

そして、渦中にいるときはやっぱりしんどいです。だから、そういうときこそ、「今は渦中だ。渦中をすぎれば、また見えてくるものがあるのだ」と思えるといいですね。私もこの年齢になって、「ほとんどのことはたいしたことがない」と思えるようになりました。

時間という薬はじわじわと効いてきます。ときにはその効用を頼りにするのもいいのではないでしょうか。

渦中をすぎたら いろんなことが わかる

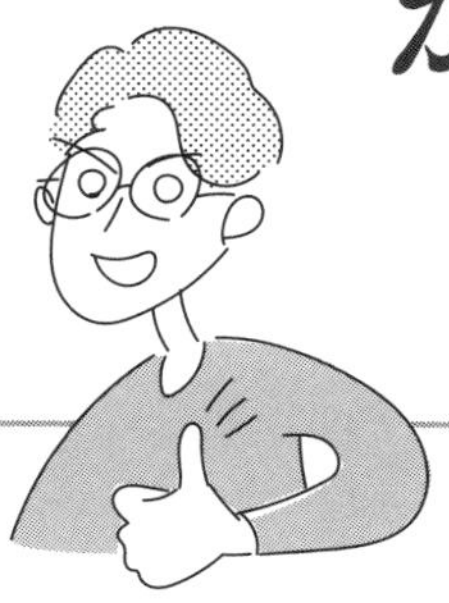

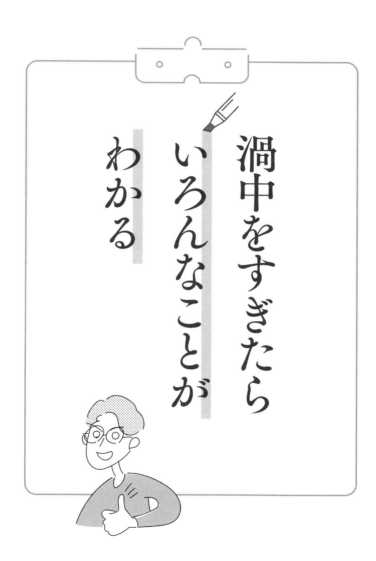

感情を切り離し、黙々と対処

私の尊敬する先輩に、どんなことがあっても感情を込めずに淡々と事を進める方がいます。

誰かから厳しいことを言われたときも、あまり顔色も変えずに「ああ、まいったな」と言いながら、いつも通り淡々と作業を進めていく。

一度、「先輩はどうしてあんな厳しいことを言われても淡々としていられるのですか?」と聞いたことがあります。

すると、ひと言「仕事だから」という答えが返ってきました。

うまくいったときも舞い上がらず、うまくいかなかったときも落ち込まない。常に平常心で淡々と、解決に向けてただ動くだけ。それってすごく大事なことだな、と思いました。

この先輩、プライベートではめちゃくちゃハジけている方なんです。きっと、先にもお話しした「役割の自分」と「素の自分」をきっちり分けることができているのでしょう。

さらには感情までも切り離して仕事をすることができる。もしかすると、感情に振り回されずに淡々と仕事を進める役柄を演じ切っているのかもしれません。これぞ究極の仕事のスタイルではないでしょうか。

いいときはともかく、悪いときにも淡々と。イラつくこともなければ、落ち込むことも、声を荒げることもありません。先輩はそういう方なので、多方面から仕事やチャンスをもらい、今では会社の経営者として活躍されています。

そこまでの境地にはなかなか到達できないかもしれませんが、つらいことがあったとき、「つらい」という気持ちに振り回されず、感情を切り離して「ただ黙々と解決する」というモードをひとつ持っておくといいでしょう。気持ちは格段に楽になりますし、必要以上に落ち込むことがなくなります。痛いものが痛くなくなるわけではないけれど、「痛い。でも、それって役割だよね」と割り切れることができるようになります。

「あ、ちょっときついな」「くよくよしそうだな」と思ったら、感情切り離しモードをスイッチオン。すると、「じゃあ解決しよう」に即切り替わります。

納得はいかないかもしれないけれど、役割に徹したほうが損得で考えたら得なことも多いです。そして、やっていくうちに納得いかなかった気持ちも、だんだんと消えていきます。

モードへの切り替え方としては、身近で穏やかな人、お手本にしたい人などを思い浮かべ、「あの人だったらどう考えるかな」と想像してみます。

私もつらいときは、その先輩を思い浮かべながら「あの人ならどうするかな。きっと受け流すよな。じゃあ、自分も受け流そう」と考えるようにしています。

感情切り離しモード、スイッチオン！

第5章

「プレッシャー」は取り除ける

イメージング――時間軸で整理する

大人数の前でのプレゼンや何かを発表するとき、不安になりますよね。それは「どこでつまずきそうになるか?」が見えていないからです。だいたいのイメージングができていると、大部分の不安は解消されます。

そもそも不安の定義は「対象が不明確なものに対する恐れ」とされています。つまり、何に対しての〝何〟がわからないから不安なわけです。

そのためにおすすめなのが「時間割」。時間軸で整理しておくと、自分がつまずきそうなポイントがはっきりします。それが明確になると、緊張はするかもしれませんが、かなり不安はなくなるので気持ちが楽になります。

先日、はじめてのお客さまからこれまで話したことのないテーマでの研修を依頼されました。少し不安を覚えたので、それを解消するためにいつものように時間割をつくることにしました。

研修の一連の流れを時間軸に沿って目に見える形で表してみると、やはり問題になりそうな点が見えてきました。

研修はリアルに会場で受講される方と、オンラインで受講される方の両方がいらっしゃるハイブリッド型。グループワークをどうするか？　が課題であることがわかったのです。

考えた結果、演習の際は画面を2分割にし、リアルのグループにはまわりの方と意見交換をしてもらう。オンラインのグループは各自でワークを行ってもらう。時間になったら、画面をひとつに統一して、私が話を進めるということにしました。

時間軸で整理しておくと、時間のすごし方がはっきりしてくるので、かなり具体的にイメージできます。

先の研修の話でいえば、持ち時間のうちイントロを10分くらい。どのような話にしようか。次にメインテーマを15分で、そのあと演習が30分。その間、自分は何をしていたらいいのだろう？　歩き回ったほうがいいかな。もしよくわかっていないようなら、当てていけばいいかな。

　このように、時間とともに自分のやるべきことを具体化していきます。すると「この場合にはこうすればいい」「こうだったときにはこうやって対応しよう」というオプションも考えることができます。また、うまくいかなかった場合の「保険」を用意することもできます。

　誰かの前で話すなら、ぜひ、事前に時間割を作成しましょう。
手書きでいいので、持ち時間を割り振っていきます。「最初の3分で○○を話す」「次の5分で△△を」「質疑応答に3分」などと考えておくと、時間切れで話しきれないとか、話しすぎて予定の時間を越えてしまったということを防げます。

　緊張は仕方のないこと。でも、漠然とした不安は捨てましょう。

　不安は何か？　を特定し、対策を用意しておけば、たとえ緊張してもうまく乗り越えることができます。

つまずきポイントが事前にわかれば不安は消える

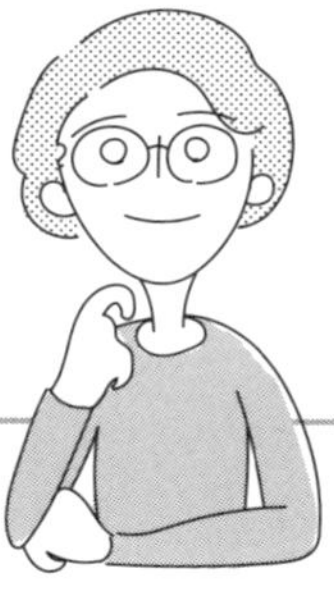

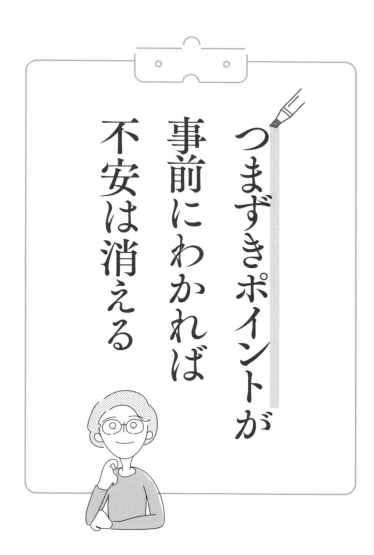

「保険」をかけておく

「伊庭さんだから、緊張せずに話せるのですよね」と言われることがよくあります。

いや、私だって緊張はします。

でも、不安にはなりません。

それはなぜか？　といえば、先ほどの続きになりますが「つまづきポイントに対する準備をしているから」につきると思います。

準備というのはつまり「リスクマネジメント」です。

「もしこうなった場合にはこうすればいい」

「ここで失敗したらこのようにリカバリーしよう」

と、いくつかの選択肢を持っておくのです。

だから、まったく用意をしていないときに突然、「スピーチをお願いします」と言われたらかなり焦りますし、緊張もします。

では、リスクマネジメントはどの程度やればいいのでしょうか。私は、うまくいかなかったときに致命的になりそうなものだけ押さえておけばいいと思います。

たとえば、オンライン研修をしていると、お客さまの通信容量がパンクしてしまい、突然パソコンが落ちてしまうリスクもあります。

そのような場合を想定して、サブモニターと回線を用意しておく。万が一それらもダメになったときにはスマホでやればいいから、スマホもすぐ使えるようにセットして横に置いておきます。

それがやりすぎかというと、そんなことは決してありません。「保険」として用意しておけば「何があっても大丈夫」という安心感が大きいです。

ですから、緊張はしても、不安はなくなります。

最悪の事態を想像しておけばやることがわかる

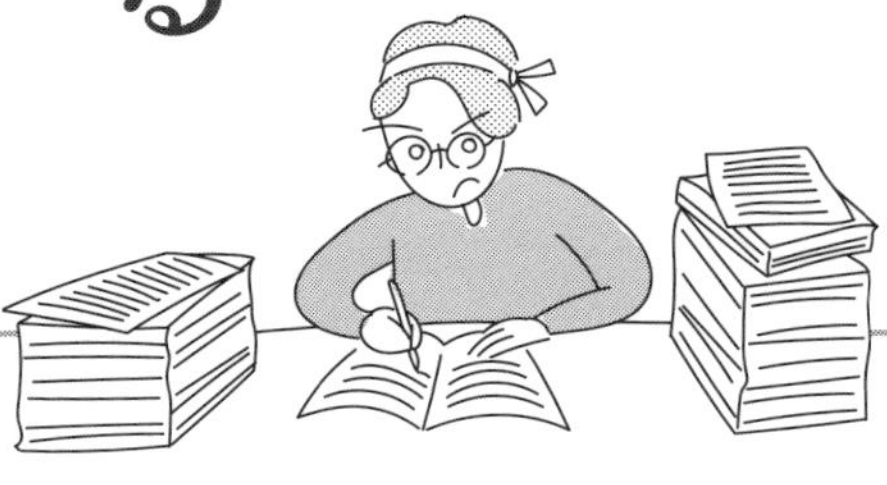

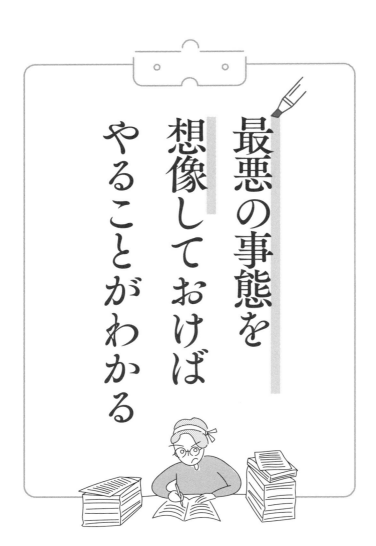

「言わなくていいこと」を決めておく

事前の準備という点で言えば、「言わなくていいこと」を最初に決めておくこともひとつです。

まず、先にもお話ししたように時間割をつくります。たとえば11時から12時までの講演なら、次のようなスケジュールを立てます。

11：00～11：05　スライドに合わせて5分で自己紹介。
11：05～11：25　話①20分
11：25～11：35　話②メインテーマ（重要）10分
11：35～11：50　ワーク

11：50〜　解答と質疑応答
11：58　終了予定

こうして時間の配分をしながら、やることや言うことを決めていきます。この場合では、メインテーマは必ずしゃべることにして、自己紹介のあとの話は流れによって「話さなくてもいい」と決めました。

実際、当日は20分のうちの前半10分で質問がきたため、質問に答える形をとり、後半10分の話はしませんでした。

このように、どこかで調整できる場所をつくっておくと時間に振り回されることはありません。

そして、どこで盛り上がり、どこを割愛するか、どこを読み飛ばすか、というポイントをおさえておけば、時間に振り回されることもなくなります。

これはプレゼンでも商談でも同じです。あらかじめ「話すべきこと」と、「時間があったら話すこと」を決めておく。それさえやっておけば、どんな場でも落ち着いて対応することができます

プレゼンでは台本全部を覚えなくてもいい

予想外のことが起こったとき、どうする？

用意周到に準備していても、予定が変更になったり、予想外のことが起こったりすることはよくあります。そのようなとき、頭が真っ白になってフリーズしてしまうこともあるでしょう。

そのような場合、どう立て直しをすればいいでしょう。

予想外のことが起こったときには、「できる範囲のことでいいのでやろう」と考えます。

先日、こんなことがありました。14時開始予定の研修があり、それに向けて準備をしていました。ところが、直前になって参加者に「13時開始」と告知していたことが判明したのです。1時間の前倒しです。準備が追いつきません。しかも、営業の方向けと聞いていたのが、ふたを開けてみたら営業以外の部署の方が４分の１ほどいらっしゃることもわかりました。

「準備できていない！」「営業の研修を用意しているのにどうしよう⁉」と頭の中が真っ白になりそうでしたが、いつものように「今からできることをやろう」と決めました。

今からテキストを差し替えることはむずかしい。けれど、チーム編成を変えることならできそうです。そこで、営業チームとそれ以外のチームに分け、進行の仕方（ファシリテーション）を少し変えることにしました。結果、営業の方にも、それ以外の部署の方にも、満足していただける研修をすることができました。

予想外のことが起きると心臓はドキドキ、バクバクするでしょう。でも、そのときにはできることをやる。そう気持ちを切り替えるだけで、たいていのことはうまくいきます。

先にもお話ししましたが、致命的ではない失敗は、たいしたことがないからです。

想定外のことは
できる範囲で
できることを

心を落ち着かせる、この方法

緊張するのは、仕方のないことだと思います。でも、自分なりに心が落ち着く方法を知っておくと、緊張の度合いも少しは弱まるはずです。

私の場合、研修や講演の際にはいつも同じ環境にしています。どの場所でも、同じものが同じ位置に置かれている。先にお話しした時間割や電子時計を同じ位置に置き、同じパソコンをセッティングする。漫才師の立ち位置と同じです。

漫才師は、いつもと立ち位置が異なると漫才ができなくなるそうです。昔はその意味がわからなかったのですが、自分が人前で話す機会が多くなった今では、それがよくわかります。たまに、研修先で突然違うパソコンを使うことになっただけでも、緊張度はかなり高まります。

また、「5」という数字にこだわっています。「ご縁」というように縁起がいいから、というのがはじまりです。小さい頃からやっていて、鉛筆を5本持って行ったり、心の中で「1、2、3、4、5」を唱えたりしたら、テストの点数がよかったのです。それ以来、今も続けています。

「右肩上がり」が縁起がいいということから、机の上のノートなど、私の持ち物はすべて微妙に右肩上がりで置かれています。まっすぐだとなんとなく落ち着きません。テレビのリモコンも気づくと右側が上がっていて、家族にも笑われています。気づいたら体まで右肩上がりにゆがんでいることに気づきました。どうやらパソコンも微妙に右側が上がっているようなのです。

なんでもやりすぎはよくありませんが、科学的根拠がなくても「これをやると緊張をとりのぞけて、自分のセルフイメージが高まる」という方法があるといいでしょう。私は5にこだわったり、右肩上がりにしたりするだけでセルフイメージが上がる、という便利な人間になっています。

マイ儀式で
あなたの
セルフイメージは
上げられる

プレゼンは「何を言わないか」が大事

大勢の前でのプレゼンは、緊張がつきものです。プレゼンというとつい「あれも話そう」「これも主張しよう」と「話すべきこと」ばかり考えがちです。でも一番大事なのは、「自分の望む質問をされるようにアプローチする」こと。つまり、「何を言わないかを考える」ことなのです。

言えば言うほど、それに対する疑問が生まれます。「それはどういうことですか？」という質問って多いですよね。それが話の本筋と関係のあることならば仕方ありませんが、論点ではないことを突っ込まれ、時間が割かれるのはもったいないです。だから、余計なことはあえて言わないようにして、本筋に対する質問だけがくるように仕向けるのです。

以前、役員会で業績について発表することになり、そのリハーサルをしたときのことです。

ギザギザに上下しながら右肩上がりにのぼっている営業利益率のグラフを出しました。ところが、それを見た先輩が「そのギザギザ、危ないぞ」と言ったのです。そして「『そのギザギザの凹みはなんだ?』と聞かれたらどう答える? 言うべきことを言い、言わなくていいことは一切言わないくらいのほうが、聞いている人にとってはわかりやすいものだ」と教えてくれました。

当日、先輩の教え通りに役員会でプレゼンをしたら、話す分量はいつもの6、7割ほどでした。ところが、ある役員から「わかりやすいな、伊庭。わかりやすくてよかった」とおほめの言葉をいただいたのです。

このように、プレゼンは言いたいことを言おうとするのではなく、「言わないこと」を事前に想定しておくことが大事です。これを決めておけば、大勢の前でのプレゼンにおびえることはありません。

大事なことは
うまく話すことより
「何を言わない」のか。

知らなくても、ミスしても「明るきゃ勝てる」

質疑応答などで、自分の答えられない質問をされたらどうしよう……と思い、緊張してしまうという人もいるのではないでしょうか。

答えがわからない質問をされたときの対応は、ふたつしかありません。ひとつは、わかる範囲で答える。もうひとつは「わかりません」と言う、です。

自分の専門分野でわからないことがあるのはともかく、自分の専門外でわからない場合は「わかりません」と言ったところで評価は下がりませんし、恥ずかしいことでもありません。ですから、恥だとは思わずに言っていいと思います。少なくとも知ったかぶりをする必要はないでしょう。

それに、たとえわからなくても「明るきゃ勝てる」と私は思っています。

たとえば、ゴルフによく誘われる人は、決してゴルフがうまい人だけとは限りません。スコアが120や130というような、いわゆる下手な部類の人でも、人一倍明るく楽しんでいる人は、「また一緒にプレイしたい」と思われます。「頑張ります！」と言いながら、まわりに迷惑をかけないようにあちらこちらに飛ばしたボールを楽しそうに追いかけて走り回っている。そういう人のほうが、じつは最後には一番強かったりするのです。

仕事もこれと同じだと思います。うまいか下手か、知識があるかどうかは、突き詰めると問題ではありません。たとえわからなくても、失敗しても、「すみません！　次は頑張ります！」と明るく切り抜けられる人は、なんだかんだあってもうまくいっています。

それはいわゆる〝愛嬌〟であり〝かわいげ〟です。愛嬌やかわいげは、「明るさ」と「一生懸命」を掛け合わせたときに生まれます。

目標を外しても、プレゼンでミスっても、深刻に失敗を考えすぎず、「すみません！　次、頑張ります！」と前向きに進む力。それが「この人と一緒にやりたい」を生む秘訣と言えるでしょう。

失敗は愛嬌で乗り切るのが正解

明るく振舞えないときにはどうすればいい？

ミスしても、わからなくても、明るく前向きにいきましょうと言いましたが、もし「自分は明るく振舞えない」という場合は、どうすればいいのでしょうか。そういう場合はぜひ、先にお話しした「役割の自分」を演じてみてください。

入社1年目の頃、私は取引先の社長の本棚に入っているランチェスターの本を見て「このランチェスターってなんですか?」と、ついうっかり言ってしまいました。それを聞いた社長は「おまえはそんなことも知らんのか！まったく今頃のやつは。戦略の本やがな。ほんまに勉強してへんな。あほばっかりやな、君のところは」とあきれる始末。

そのとき私は、「ランチェスター、メモしました! 今度、本屋行ったときにランチェスター買ってきます!」と明るく返しました。

そして次に会った際には、「社長、ランチェスター読みました!」「おお、あの話か。どうやった?」「……むずかしいです」「ほんま、あかんな、君は」「いやあ、これからちょっとでも世間に追いつけるように頑張りますんで、お願いします」というやりとりをしました。

これは素の自分だったらできない対応です。

もし本来の自分だったら、「そんなに怒鳴らなくても……。ランチェスター、知らないとあかんのかな」と考えたり、「俺、そんなことも知らないのか」と焦ったりしたと思います。でも、営業を演じる自分の役割として考えると、考え込んだり焦ったりするより「ランチェスター、メモします。本屋で買ってきます!」と受け答えしたほうがいいと思うのです。

素の自分ではできないことでも、役割の自分なら「明るく前向きに対処する」こともしっかり演じることができるものです。

「役割の自分」に明るく演じてもらいましょう

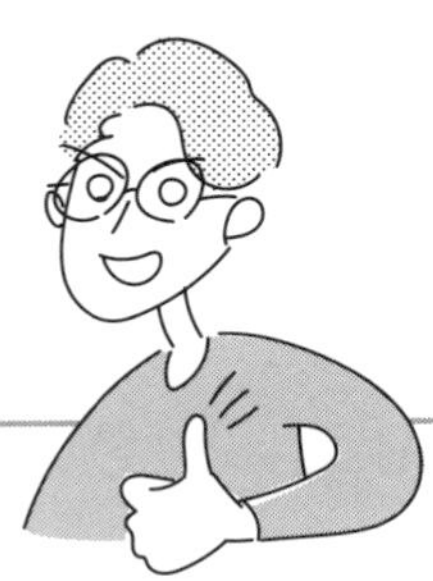

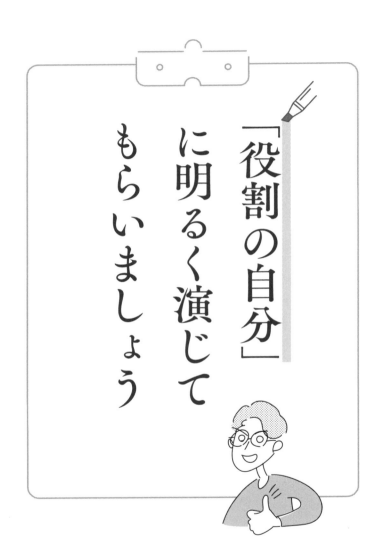

飛び込み営業、テレアポの緊張はこう取り除く

飛び込み営業もテレアポも、まったく知らない人のところに突然訪問したり、電話したりするわけですから、「何を言われるかわからない」という怖さや緊張感はあると思います。

でも、いずれの場合も「殺されるわけではない」と思ってみるとどうでしょう。殺されるわけではないし、犯罪行為でも迷惑行為でもないと考えてみる。そうすると、気持ちが少し軽くなって「飛び込んでみても大丈夫かな」「やってみようかな」という気持ちになれるのではないでしょうか。

営業だったら、玄関先に「セールスお断り」という札やシールが貼られている家の扉をノックできるか？　という問題にぶち当たります。普通なら、

「日本語わかりますよね。意味、わかりますか?」と怒られそうなところですから、わざわざ行かないでしょう。

でも、「営業」ではなくて「挨拶」に行くと考えたら、どうでしょう。セールスはしないから、断られないはず。だから、堂々と訪問しましょう。しかも、ほかの営業マンはおそらく来ないでしょうから、会話ができるだけでもアドバンテージがとれます。会話ができたらラッキー! なのです。

そう考えて、私はずっと「セールスお断り」の家にも飛び込み営業をしてきましたが、「素の自分」だったら絶対にできません。営業という「役割の自分」だったからできたことです。仕事の意味づけがわかっているからこそ動けるのかもしれません。

私は求人広告の営業をしていましたが、もし自分が飛び込み営業をしなかったら、誰が困るだろう? と考えました。

もし自分が飛び込み営業をしなければ、求人広告の情報が集まらない。この地域で働きたい人たちが職探しに困るだろう。1920年代のアメリカの映画みたいに、「仕事をくれ!」というプラカードを持った人たちが1軒ずつ「仕事ありませんか?」とたずね回らなければいけなくなるのではないか。そんなふうに想像をめぐらせました。

つまり、この仕事は職を探している人の代わりにやっていることで、とても重要なことなのだ。私の後ろには職探しをしている人たちの期待が集まっているのだ。そう考えたあとに、もう1軒飛び込むか? 飛び込まないか?

たぶん、「素の自分」だったら「もうここまでやったし、いいかな」と飛び込むのをやめるかもしれません。でも、営業という自分の立場で、その背後にいる人たちのことを考えたら……。

「もし、もう1軒飛び込んで広告掲載をしてもらったら、その会社に就職が決まる人がいるかもしれない。ダメもとで飛び込んでみようかな。『セールスお断り』と書いてあるけれど、挨拶するだけだし、犯罪行為ではないし……。よし、やってみよう」という気持ちにもなれます。

行動にひるみそうになったら、自分の仕事の意義を考えてみましょう。あなたの仕事の背後には、何人もが期待に胸を膨らませながら待っています。そう考えると、一歩を踏み出す勇気も出てくるのではないでしょうか。

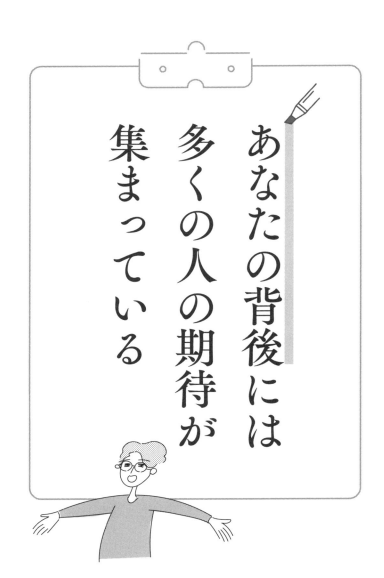

あなたの背後には多くの人の期待が集まっている

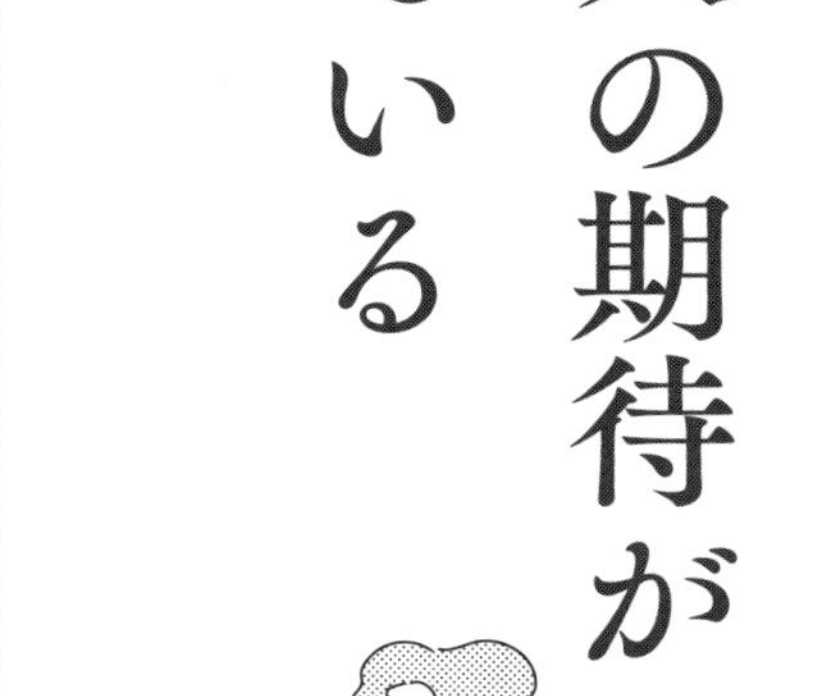

相手がどんどん話したくなる、3つの「ど」

営業で初対面の人に会うときには緊張しますよね。一方、お客さまは緊張というより警戒している場合が多いです。ですから、はじめに警戒を解くことが大事です。

警戒を解き、相手に「この人は大丈夫だ」という安心感を抱いてもらう。次に「話しやすい」「この人とは相性がいい」と感じてもらい、そして「この人は信用できる」と思ってもらう。それが最終的に「誰よりも味方になってくれる」という信頼へとつながっていく。このプロセスが大事です。

相手の警戒心を解くことができたら、次のステップです。安心感を持ってもらい話しやすい状態をつくります。

そのために必要なのは、とにかく「聞き役」に徹することです。自分のことをしゃべるより前に「相手に聞く」を心がけましょう。

ここで役立つのが「拡大質問」です。自分の考えや背景を自由に語ってもらうための質問で、相手の話を聞きながら、少しずつ話を広げていくのです。

そこでは、3つの「ど」が活躍します。

「どうして」

「どんな」

「どのように」

この3つのキーワードを用いながら、自分の考えや背景を自由に語ってもらいます。

「どうしてそう思われたんですか」

「どのようなことが背景にあるのですか」

「今後、どのようになるのが一番いいんでしょうね」

これには、ふたつの効果があります。ひとつは、相手の本心を教えてもらえる点。もうひとつが、質問を投げかけることによって、相手に考えてもら

うことができる点です。聞きにくい質問の場合には、

「さしつかえなければ」

「勉強の意味で」

「もし、あるとしたらですが」

などの枕詞をつけるとたずねやすくなります。

このとき、ひとつ注意してほしいことがあります。「なぜ？」は使わないことです。なんとなく強い口調にとらえられて、「なんかむかつくな」につながります。

「なぜ考えないんですか？」ではなく、「お考えになっていないのはどうしてなんですか？」のほうがスマートに伝わります。

「なぜそう思われるのですか？」ではなく、「どうしてそう思われるのですか？」とたずねましょう。

こうして話しやすい空気をつくり、本心を教えてもらううちに、徐々に信用を得てそれが信頼につながっていきます。信頼を持ってもらえたら、仕事の話も聞いてもらえるようになりますし、契約も取りやすくなるでしょう。

「どうして」「どんな」「どのように」を活用しよう

反復と感情に同意する

相手との距離を縮めるためには聞き役に徹することが第一ですが、こんなテクニックも使えます。「反復」と「感情」に同意するという方法です。

たとえば、後輩にこんな相談をされたとします。

後輩「Tさんと一緒に仕事したくないんですよね」

このときは、相手の言ったことを反復しましょう。

自分「ああ、Tさんと仕事したくないんだ。どうしたの?」

後輩「何度言っても納期が遅れるんです。今回で2回目なんですよ」

自分「そうか。2回目か……」

心の中では、「え、まだ2回目?」と思っています。でも、「そうか。2回目か」と反復しながら、後輩はどう思っているのか？　を想像します。後輩は明らかに怒っていますよね。その感情に同意するのです。

自分「そりゃ、いい気しないよね」（私は別に何とも思っていないけれど、あなたはいい気がしないですよね）

相手の感情や気持ちを察して、口にするだけです。「それ、うれしいですよね」「いやあ、いよいよですね」「さびしくなりますね」「悲しいね」「つらいね」「不安になるよね」というように、相手が思っているであろう単語をつぶやきます。

このとき注意したいのは、自分の意見をはさまないことです。先の例で言えば、「え、まだ2回目だよ。もう少し待ってみたら？」などと言わないようにしましょう。また、「的当てクエスチョン」もしないこと。「それって、○○だからですかね」「△△だからでしょうか」と当て込んで質問することです。けっこう外します。

このように、反復と感情に同意しながら、相手とのコミュニケーションを深めていきましょう。

相手が思っている であろう 心のことばを つぶやいてみよう

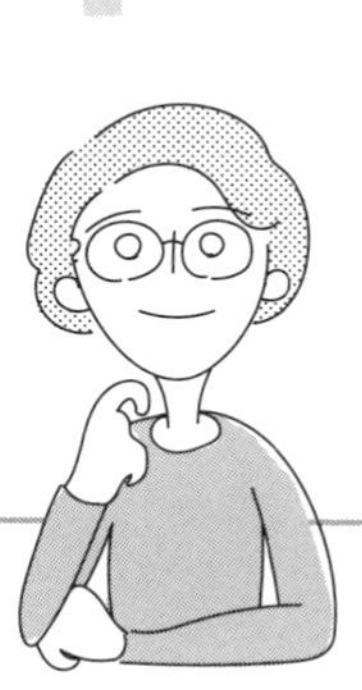

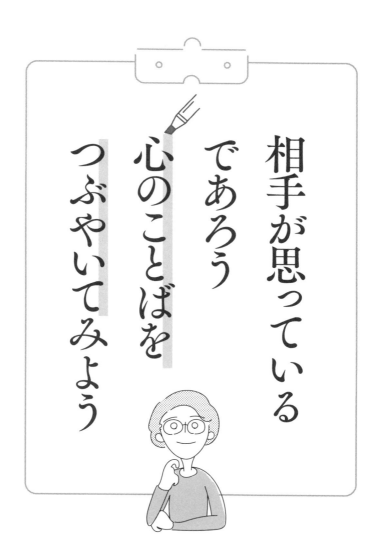

不条理な状況に追い込まれたときはこうする

私が独立したあとのことです。以前上司だった人からこう言われました。

「伊庭も、あのときの人事で苦労したよな。あれは不条理だった。でも、理不尽ではなかった」

理不尽というのは、あってはいけない無茶なことです。たとえば、「これを半額に値引きしろ」とか「これを徹夜で仕上げろ」といったことなどです。理不尽なことはきっぱり拒否していいでしょう。

一方、不条理というのは、誰もそれが正解だとは思っていないけれど、そこで着地させなければいけないようなことです。

私はあるとき、組織をたたむ役を引き受けることになりました。「なんで俺が!?」という思いがあるなか、誰かがやらなければいけない。周囲の人も同じように思ってはいましたが、立場的に私がやるしかありませんでした。まさに不条理です。さすがにこのときばかりは、夜は眠れず、少し息苦しさを感じたものです。ストレス性のものだったと思います。

そのようなときにはどうすればいいでしょう?

不条理は「役割の自分に徹する」に尽きると思います。「仕方がない」と割り切って、黙々と頑張るのが一番の方法ではないでしょうか。「役割の自分に徹していたら必ず道は拓ける」と思ってやり続けることだと思います。実際、私もそうして乗り切ることができました。

社会に出ると、不条理なことはいっぱい起こります。そのようなときには、「仕方のないことってあるよね」と思いながら役割の自分に徹して黙々と。

不条理が一生続くことはありません。それに、先にもお話ししましたが、私の人事を元上司が見てくれていたように、必ず誰かが見てくれています。だから、それまで黙々と、仕事と割り切って進めることもひとつの方法です。

役割の自分に徹したら必ず道は拓ける！

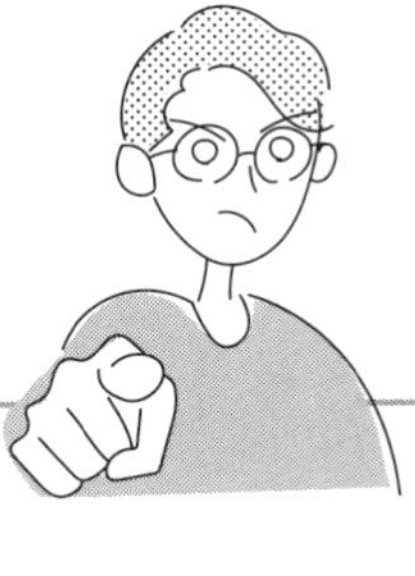

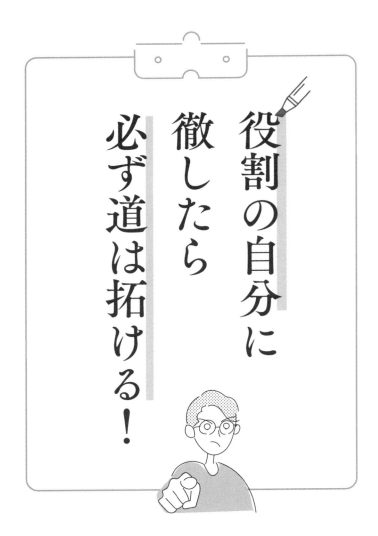

おわりに

ここまでお読みいただき、ありがとうございます。
本当に感謝しかありません。

ここで、もうひとつだけやっていただきたいことがあります。
それは、なにかひとつでもいいので、「捨てる」と決めてみてください。実践することにこそ意味があります。読んで満足して終わりにすることこそ、ムダなことはないからです。

たとえば、「あれもやりたい」「これもやりたい」と迷うタイプの人なら、その迷いを捨てましょう。そのためには、本書でご紹介した「If-then プランニング」を使って、「迷ったときには、○○をする」と決めてみましょう。

成果を上げたい、できる人になりたいという方は、「便利な人」になることを捨ててみましょう。便利な人をやめるためには、自分の言いたいことをきちんと相手に伝えることが大事です。「イエスイフ法」を使ってみましょう。相手の気分を害することなく、便利な人から抜け出すことができます。

もし何を捨てていいかわからない場合には、「何かをやる」と決めてもいいでしょう。やると決めたことをこなしながら、同時に「やらないこと」「捨てるべきこと」も探してみてください。「何かを捨てる」も目標にするのです。

どんな小さなことでもいいです。一歩を踏み出すことが大事です。

それがどんなに小さな一歩だとしても、確実に見える景色は変わってきます。

これまでくすぶっていたのがウソのように、霧が晴れたように見えるかもしれません。空が広く感じる人もいるでしょう。

いずれにしても、その景色は今まで以上に清々しく、気持ちのいいものであることだけは間違いありません。

本書がその一助になれれば本望です。

2023年5月吉日

伊庭正康

伊庭 正康（いば　まさやす）

株式会社らしさラボ代表取締役。1991年リクルートグループ入社。リクルートフロムエー、リクルートにて法人営業職として従事。プレイヤー部門とマネージャー部門の両部門で年間全国トップ表彰4回を受賞。累計40回以上の社内表彰を受け、営業部長、（株）フロムエーキャリアの代表取締役を歴任。

2011年、研修会社（株）らしさラボを設立。リーディングカンパニーを中心に年間200回を超えるセッション（リーダー研修、営業研修、コーチング、講演）を行っている。実践的なプログラムが好評で、リピート率は9割を超え、その活動は『日本経済新聞』『日経ビジネス』『The21』など多数のメディアで紹介されている。Webラーニング「Udemy」でもリーダーシップ、営業スキルなどの講座を提供し、ベストセラーコンテンツとなっている。

『できるリーダーは、「これ」しかやらない』『できる営業は、「これ」しかやらない』（以上、ＰＨＰ研究所）、『すぐやる人のビジネス手帳術』（ナツメ社）、『仕事が早い人がやらない段取りの仕方』（日本実業出版社）、『最速で仕事が終わる人の時短のワザ』（明日香出版社）など、著書は累計40冊以上。

＊ 無料メールセミナー（全8回）「らしさラボ無料メールセミナー」
＊ YouTube:「研修トレーナー伊庭正康のスキルアップチャンネル」(登録者11万人超)
＊ Voicy :「1日5分　スキルUPラジオ」も放送。

それ、捨ててみよう
しんどい自分を変える「手放す」仕事術

2023年6月24日　第1版　第1刷発行

著　　者　伊庭正康

発 行 所　WAVE出版
〒102-0074　東京都千代田区九段南3-9-12
TEL 03-3261-3713　　FAX 03-3261-3823
振替 00100-7-366376
E-mail: info@wave-publishers.co.jp
https://www.wave-publishers.co.jp

印刷・製本　中央精版印刷株式会社

NDC336　223p　19cm　ISBN978-4-86621-464-1